Das Buch der großen Fragen

1. Auflage 2024
ISBN 978-3-03876-310-9

Fachliche Beratung: Umberto Galimberti

Texte: Umberto Galimberti, Luca Mori
Illustrationen: Cristina Damiani
Übersetzung: Arianna Volpi
Lektorat: Silvia Bartholl
Layout: Ulrich Borstelmann
Projektleitung: Gregory C. Zäch

Printed in Europe

Originaltitel: »Le Grandi Domande«

Bibliografische Information der Deutschen Bibliothek
Die Deutsche Bibliothek verzeichnet diese Publikation in der
Deutschen Nationalbibliografie unter www.dnb.de.

Der Midas Verlag wird vom Bundesamt für Kultur für die Jahre 2021–2024 unterstützt.

Midas Verlag AG, Dunantstrasse 3, CH 8044 Zürich
kontakt@midas.ch, www.midas.ch, socialmedia: follow »midasverlag«

Umberto Galimberti
Luca Mori

Das Buch der großen Fragen

Was wirklich zählt im Leben

MIDAS

INHALT

»Wenn du auf alle deine Fragen eine Antwort gefunden hast, bedeutet das, dass du dir die falschen Fragen gestellt hast.«

(aus: Oscar Wilde, *Der Kritiker als Künstler*, 1890)

WIR LADEN JUNGE MENSCHEN ZUM DENKEN EIN

von Umberto Galimberti

Vor einigen Jahren habe ich das *Buch der Philosophen* (Midas Verlag) herausgegeben, ein Buch, das die philosophischen Theorien der großen Denker des Abendlandes vorstellt.

Wenn es nämlich ein typisches Merkmal unserer Zeit gibt, dann ist es die Abwesenheit des Denkens. Es wird verdrängt durch die allgemeine Meinung und das Hörensagen, durch das Festhalten an den eigenen Überzeugungen, durch das Vertrauen in den eigenen religiösen Glauben, aber auch durch eine Wissenschaft, die eben »nicht denkt«, weil sie nur »rechnet«, wie Martin Heidegger (1889–1976) uns in Erinnerung ruft.[1]

Wir halten diese Einladung auch deshalb für notwendig, weil sich Kinder bereits von klein auf Fragen stellen, die wir zweifellos als philosophische Fragen bezeichnen können. Jeder, der mit Kindern zusammenlebt, stand sicher schon einmal ratlos vor einer Aussage wie: »Ich glaube nicht, dass es Gott gibt, weil er keine Mutter hat.« Hier ist das Kind auf der Suche nach dem Kausalitätsprinzip, das es braucht, um sich in der Welt zurechtzufinden und die Angst vor dem Unberechenbaren abzulegen. Die Frage: »Warum fällt der Mond nicht herab?« ermöglicht dem Kind, zu verstehen, dass die Erde nicht

---

1 M. Heidegger, *Was heißt Denken?* (1951–52), Reclam, Ditzingen, 1992.

der Mittelpunkt des Universums ist, wie man lange glaubte. »Warum bin ich weiß und mein Tischnachbar ist schwarz?« ist eine Frage, bei der die Antwort »Weil dein Tischnachbar Afrikaner ist« eindeutig nicht ausreicht.

Um sich in solche Fragen hineinversetzen zu können, muss man philosophieren lernen und zum Philosophieren angeleitet werden.

1. Was heißt Philosophieren?

»Was es heißt, zu philosophieren« ist ein Ausspruch von Karl Jaspers (1883-1969)[2], der sagt, dass Philosophie nicht nur das Wissen um ein Wissen ist, sondern eine Praxis des Denkens, die uns ein Leben lang begleiten sollte. Kindern sollte sie schon von den ersten Schuljahren an vermittelt werden, damit sie ihr eigenes Denken, die Fähigkeit zur Selbstkritik und die Toleranz gegenüber den Ideen anderer, die sich von den eigenen unterscheiden, entwickeln können. Dazu bedarf es nicht so sehr der Kenntnis der Philosophie, sondern vielmehr der Fähigkeit des Philosophierens.

Und genau darauf zielt dieses Buch mit seinen fünfzig Fragen ab, Fragen wie: Kennst du dich selbst? Was ist Schönheit? Wie stellst du dir die ideale Stadt vor? Warum verlieben wir uns? Gibt es eine Seele? Können wir unsere Gefühle kontrollieren? Wozu haben wir eine Methode? Woher kommen die Gedanken? Wozu ist Logik gut? und so weiter.

»Philosophieren« heißt, zu fragen und zu antworten, vor allem, wenn man es nicht eilig hat, die Antwort zu finden. Viel wichtiger ist es, die Frage so zu formulieren, dass sie keine Widersprüche, unbegründeten Prämissen oder voreiligen Schlussfolgerungen enthält, die durch das Argument nicht gerechtfertigt sind. Die Philosophie gibt dir keine Antworten, du musst sie suchen. Und bei dieser Suche »treibst du Philosophie«.

---

2 K. Jaspers, *Philosophie* (1932-1956), Springer-Verlag, Berlin, 1973.

2. Fragen zu stellen ist ein typisches Merkmal des Menschen

Wenn Philosophieren bedeutet, Fragen zu stellen, dann ist das Philosophieren ein typisches Merkmal des Menschen, denn im Gegensatz zum Tier, das sein Dasein in absoluter Problemlosigkeit verbringt, ist der Mensch darauf angewiesen, nach Lösungen für die Probleme seines Daseins zu suchen.[3]

Es gab eine Zeit, die in gewisser Weise noch andauert, in der der Mensch von der Gottheit, der er das Privileg der Allwissenheit zuschrieb, Normen, Regeln, Vorschriften und Gebote erwartete, die seinem Leben einen Rahmen geben und ihn aus dem bedrückenden Zustand des Unberechenbaren befreien sollten. Aber selbst Gott in seiner unendlichen Allwissenheit hatte keine adäquaten Antworten auf die Fragen der Menschen, die nach den Schmerzen der Seele und den Missständen auf der Erde fragten. So wurde das Wort »Geheimnis«, mit dem die Religionen das Schweigen Gottes verhüllen, den Menschen zurückgegeben – damit sie nicht an der Aufgabe scheitern, sich nicht mit beschwichtigenden Antworten zufriedenzugeben, sondern den Weg des unendlichen Fragens zu gehen. Die Fragen dieses Buches, die im Gespräch mit den Jugendlichen immer wieder auftauchen, sind kein Rezeptbuch für die Probleme des Lebens. Luca Mori, der sie meisterhaft niedergeschrieben hat, weiß, dass die Schönheit des Lebens gerade in seiner Unergründlichkeit liegt, in den Rätseln, die sich einer einfachen Lösung entziehen.

Die Überlegungen zu den einzelnen Fragen sind keine banalen Trostworte, um die Unruhe zu mildern, die ein ungelöstes Problem immer begleitet. Probleme sind oft nur deshalb rätselhaft, weil sie von einem Standpunkt aus betrachtet werden, der andere mögliche Standpunkte nicht berücksichtigt. Daran zu erinnern, könnte die Dramatik der Frage mindern, die ausweglos erscheint, weil unser Blick starr und unbeweglich geworden und unsere Hörfähigkeit bis zur Taubheit abgestumpft ist. Aischylos (525–456 v. Chr.) sagte: »Nur das wahre Wissen hat Macht über den

3 Siehe U. Galimberti, *Psiche e techne. L'uomo nell'età della tecnica*, Feltrinelli, Mailand 1999.

Schmerz«.[4] Warum also nicht den Horizont des Wissens erweitern, der oft in der Kurzsichtigkeit eines Blickes eingeengt ist und ohne Ausweg auf das gerichtet bleibt, was schmerzt.

3. Die Radikalisierung der Frage

Aus diesem Grund werden die Fragen in diesem Buch auf eine etwas ungewöhnliche Weise diskutiert, nämlich nicht, um die Frage zu beantworten, sondern um sie zu radikalisieren und so weit wie möglich an ihre Wurzel zu gehen. Dieser Ansatz mag manchmal irritierend, manchmal schwierig und manchmal enttäuschend sein, aber es ist besser, als die Erwartung einer sofortigen Antwort zu enttäuschen und damit eine Frage zu verharmlosen. Damit würde man ihr nicht gerecht werden.

Diese Radikalisierung ist eine Verbeugung vor dem Gebrauch der Vernunft, die, wie Kant (1724–1840) sagt, »eine winzige Insel im Meer des Irrationalen«[5] ist und das besondere Vorrecht des Menschen bleibt.

Deshalb werden hier keine billigen Ratschläge gegeben und keine einfachen Auswege aufgezeigt, denn es geht darum, den jungen Leserinnen und Lesern zu vermitteln, dass eine Frage oft zermürbend und ein Problem lästig wird, wenn der Horizont, in dem sie diskutiert werden, zu eng und begrenzt ist. Es ist daher notwendig, den Horizont zu erweitern und ihn bis ins Unendliche auszudehnen, damit jede und jeder erkennen kann, dass nur die Enge der eigenen Sichtweise (die nie infrage gestellt wird) es unmöglich macht, eine Lösung zu finden.

Man muss an die eigenen Fähigkeiten glauben und dem Menschsein treu bleiben, das im Gegensatz zum Tiersein in nichts anderem besteht als in der nie endenden Aufgabe, Fragen zu stellen, das Bestehende zu hinterfragen und nicht in den seligen Träumen derjenigen zu verharren, die glauben, dass das Leben »sorglos« sein sollte. Im Gegenteil, der Mensch ist das Produkt ste-

---

4 Aischylos, *Agamemnon*, in *Die Orestie*, Reclam, 2018.

5 I. Kant, *Beantwortung der Frage: Was ist Aufklärung?*, in »Berlinische Monatsschrift« Bd. IV, 1784.

tiger innerer und sozialer Kämpfe, deren vorläufige Lösung in einem immerwährenden Dialog mit anderen gesucht werden muss. Dieser Dialog vermag den Blick auf die Welt zu erweitern.

4. Die Wahrheit ist nicht etwas, das übertragen werden muss, denn sie wohnt bereits in jedem von uns

Die Methode, die hier angewandt wird, um »Philosophie zu betreiben«, ist die der »gelehrten Unwissenheit« (gelehrt, weil sie bewusst ist), von der Sokrates sagt, dass sie im Gegensatz zur Religion nicht autoritär ist. Die Philosophie behauptet nicht: »Ich besitze die Wahrheit und du lernst sie«, denn sie ist davon überzeugt, dass die Wahrheit, auch wenn sie unfertig, unvollkommen und mit vielen Fehlern vermischt ist, in jedem Menschen wohnt. Und der »Meister« ist nicht derjenige, der die Wahrheit weitergibt, sondern derjenige, der den Menschen hilft, die Wahrheit aus dem Wirrwarr ihrer Meinungen herauszuschälen. Mit der Wahrheit, sagt Sokrates, ist es wie mit der Gestalt des Meeresgottes Glaukos: Nicht leicht kann man »seines Wesens ansichtig werden, weil seine ursprünglichen Gliedmaßen teils zerschlagen, teils zerstoßen und von den Wellen auf allerlei Weise verunstaltet, teils auch, weil sie mit anderen, fremden Körpern, wie mit Muscheln, Seemoos und Gestein bewachsen sind, sodass er eher einem Meeresungeheuer gleicht als seiner ursprünglichen Gestalt.«[6]

Die Philosophie selbst stellt sich die Aufgabe, die Wahrheit, die in jeder und jedem von uns wohnt, von all den Verkrustungen zu befreien, die sich durch unsere unbegründeten Meinungen, Vorurteile, Suggestionen und Leidenschaften angesammelt haben und die Wahrheit in uns verschleiern.

Deshalb, sagt Sokrates, wird die Wahrheit nicht gelehrt, sondern mithilfe des Lehrers entdeckt, dessen Aufgabe mit der einer Hebamme vergleichbar ist, die der Gebärenden bei der Geburt hilft. Genauso gibt Sokrates, der behauptet, nichts zu wissen, keine bereits konstituierte Wahrheit weiter, son-

6 Platon, *Der Staat*, Buch X, nach der Übersetzung von Wilhelm Wiegand, Stuttgart, 1855.

dern hilft seinen Schülerinnen und Schülern, die Wahrheit, die sie sich insgeheim und oft ohne ihr Wissen zurechtgelegt haben, von all den Verkrustungen zu befreien, die sich im Laufe der Zeit angehäuft haben.

5. Der sokratische Dialog

Als Sokrates gefragt wurde, was er lehre, antwortete er, dass er nichts lehre, weil er nichts wisse; sondern dass er denen, die glaubten, etwas zu wissen, helfe, sich ihre Meinungen aufgrund fester Argumente zu bilden. Nicht der Glaube an unbegründete Überzeugungen, nicht das Festhalten an falschen Syllogismen, mit denen die Sophisten die Menge überzeugten, nicht die emotionale Wirkung, die die Worte der Rhetoren hervorriefen, sollten die Basis sein.

Das mit dieser philosophischen Methode erlangte Wissen nannte er *episteme*, ein griechisches Wort, das wir mit »Wissenschaft« übersetzen, das aber wörtlich »das, was auf eigenen Füßen steht« bedeutet, weil es auf einem soliden, gut strukturierten und argumentierten Fundament ruht. Wie aber kommt man zu diesem soliden Fundament? Durch den Dialog, sagt Sokrates.

Das Wort »Dialog« ist kein friedliches, beschauliches Wort, wie oft angenommen wird. Wie alle Wörter, die mit »dia-« beginnen, bezeichnet es den maximalen Abstand zwischen zwei Punkten oder eben den beiden Dialogpartnern. Wir reden nicht mit denen, die unsere Ideen teilen, sondern denen, die sie ablehnen. Nicht um sie im Streit zu besiegen, wie es in den Debatten, deren Zeugen wir manchmal sind, oft geschieht, sondern um gemeinsam zu jener Wahrheit zu gelangen, die Heraklit (ca. 520–460 v. Chr.) *lógos* nannte, die durch jenen »Krieg« (griechisch *pólemos*) erreicht wird, der ein Dialog ist.[7] Es ist ein Krieg, der nicht mit Waffen, sondern mit Argumenten geführt wird.

7 Heraklit, in H. Diels, W. Kranz, *Die Fragmente der Vorsokratiker* (1966).

Nachdem Sokrates seine Schüler um sich versammelt hatte, fragte er jeden von ihnen, was sie über ein bestimmtes Thema dächten, zum Beispiel über Gerechtigkeit, Wahrheit, Schönheit, Stadtverwaltung etc. In einem Dialog konnten sich die Schüler dann äußern. In der Auseinandersetzung ging es nicht darum, den anderen mit Argumenten zu übertrumpfen, um den Gegner zu besiegen, denn das ist nicht philosophisch, sondern eristisch. »Eristisch« (vom griechischen *erízein*) bedeutet, mit Worten um den Sieg zu ringen, wobei es nicht darauf ankommt, ob ein Argument wahr oder falsch ist, denn es geht nur darum, die Meinung des Gegners zu widerlegen und diesen in seine Schranken zu weisen.

Weil der sokratische Dialog »philosophisch« ist, d.h. das Wissen (*sophía*) liebt (*phí-lei*), ist er nicht so sehr daran interessiert, den Gegner zu besiegen, sondern eher daran, die Wahrheit zu finden. Deshalb setzt er den Argumenten des Gegners keine anderen Argumente entgegen, noch nicht einmal solche, die für den diskutierten Gegenstand irrelevant sind, wie es oft der Fall ist, wenn sich zwei Menschen streiten; nein, er zeigt die Widersprüche in den Argumenten des Gegners. Sobald der Widerspruch aufgedeckt ist, wird der Gegner aus dem Spiel genommen, und nur das Argument unter den vielen im Dialog vorgeschlagenen, das keinen Widerspruch aufweist, bleibt im Spiel.

Das widerspruchsfreie Argument wird von allen Dialogpartnern als Wahrheit akzeptiert. Es handelt sich dabei nicht um eine absolute, unumstößliche und ewige Wahrheit, denn im Laufe der Zeit kann immer ein Einwand auftauchen, der darauf hinweist, dass es in dem als wahr angenommenen Argument doch einen Widerspruch gibt. Damit ist auch diesem Argument die Eigenschaft der Wahrheit genommen. An diesem Punkt wird die Suche fortgesetzt.

Die Aufgabe des Sokrates bei seiner Suche gleicht, wie er sagt, der Aufgabe eines Menschen, der mit dem Fingerknöchel auf eine Vase klopft und am Klang feststellt, ob sie aus echter Bronze ist oder nicht. In ähnlicher Weise prüft Sokrates, ob die Antworten seiner Schüler einen Widerspruch enthalten oder nicht, indem er diejenigen von der weiteren Argumentation ausschließt, deren Überlegungen sich als widersprüchlich erweisen.

In vollkommener Übereinstimmung mit seiner Überzeugung, dass die Wahrheit in jeder und jedem von uns wohnt, lehrt Sokrates nicht eine Wahrheit, von der er sagt, dass er sie nicht besitzt, sondern lässt sie gerade aus seiner eigenen gelehrten Unwissenheit im Dialog mit seinen Schülern entstehen.

Genau deshalb bieten wir auf die fünfzig Fragen dieses Buches keine Antworten oder Lösungen. Die Fragen sind nur Themen mit argumentativen Hinweisen, über die im Dialog nachgedacht werden kann, bis hin zu einer Schlussfolgerung, die von allen akzeptiert wird, weil sie nicht widersprüchlich ist. Genau das bedeutet »Philosophie treiben«, also: philosophieren.

6. Philosophieren erfordert Freundlichkeit und Toleranz

Da der philosophische Dialog, auch wenn er die unterschiedlichsten und weit voneinander entfernten Positionen einbezieht, nicht darauf abzielt, den Gegner zu besiegen, sondern die Wahrheit zu suchen, erfordert das Philosophieren, dass die Dialogpartner Freunde sind: im Griechischen *phíloi*, also *phílo-sophía*.

Diese Freundschaft unterstreicht, dass das Philosophieren eine bestimmte Haltung erfordert, die wir »Toleranz« nennen könnten, wenn wir dieses Wort denn richtig verstehen. Toleranz bedeutet nicht, dass wir warten, bis die oder der andere zu Ende gesprochen hat, ohne dass wir ihn unterbrechen, oder den Ton verschärfen, um den eigenen Standpunkt mit mehr Nachdruck zu vertreten. Das sind nur gute Manieren. Toleranz bedeutet, dass man bereit ist, dem anderen zuzuhören und dabei nicht auszuschließen, dass in den Worten des anderen Hinweise enthalten sind, die das eigene Weltbild korrigieren oder in bestimmten Fällen erweitern oder sogar verändern können.

Wenn wir uns nicht mit dieser Haltung auf den Dialog einlassen, kommen wir bei der Suche nach der Wahrheit keinen Schritt weiter. Wir kommen auch nicht von unseren Vorurteilen weg, ohne sie jemals einer Kritik unterzogen zu haben. Vorurteile sind oft zu einer Art geistiger Gewohnheit geworden, an der wir aus Trägheit oder Bequemlichkeit festhalten, statt sie zu hinterfragen.

In diesem Sinne kann man sagen, dass Philosophie kein »Wissen« ist, sondern eine »Haltung« – die Haltung eines Menschen, der nie aufhört, Fragen zu stellen und alle scheinbar endgültigen Antworten zu hinterfragen. Deshalb ist die philosophische Haltung die Maschine, die in der Lage ist, eine mögliche Welt jenseits der realen Welt zu erfinden.

7. Wer philosophieren will, muss sich in Kritik üben

Das Wort »Kritik« geht auf das griechische Wort *kríno* zurück, das »ich urteile«, »ich bewerte«, »ich interpretiere« bedeutet. Jedes Urteil, jede Bewertung bedeutet eine Krise der Vorstellungen, die unser Leben bisher bestimmt haben; vor allem jener Vorstellungen, die sich aus biografischen, kulturellen, sentimentalen oder propagandistischen Gründen so tief in unsere Köpfe eingegraben haben, dass sie wie ein hypnotisches Diktat wirken, das keiner Kritik, keinem Widerspruch standhält. Wir behalten sie nicht, weil wir von Natur aus starr oder dogmatisch sind, sondern weil wir sie nie infrage gestellt haben, um die Unruhe des Denkens zu vermeiden.

Wenn wir aber unsere Ideen nicht kritisch hinterfragen, verlassen wir uns auf Ideen, die möglicherweise gar nicht logisch, sondern psychologisch sind und daher in den Tiefen unserer Seele wurzeln, dort, wohin nicht einmal das Licht der Vernunft dringt.

Ideen, die wir nie kritisch hinterfragt haben, sind bequem, machen keine Probleme, erleichtern unser Urteilsvermögen, kurz, sie beruhigen uns. Und so verharren sie in der Trägheit unseres Denkens und hindern uns daran, die Welt, in der wir leben, und vor allem ihre raschen Veränderungen zu verstehen.

Um unsere Präsenz in der Welt zu festigen oder wiederzuerlangen, müssen wir unsere individuellen und kollektiven Ideen überdenken und sie der Kritik aussetzen, denn unsere Probleme liegen in unserem Leben, und unser Leben will, dass wir uns sorgfältig um die Ideen kümmern, mit denen wir es interpretieren. Ich spreche von Sorgfalt, weil wir uns mit den neuen Ideen beschäftigen müssen, damit sie nicht im Keim erstickt werden. Schließlich können sie unsere eingefahrenen Denkgewohnheiten radikal verändern.

Nicht immer sind es »klare und eindeutige Ideen«, wie René Descartes (1596–1650) es wollte.[8] Oft sind es nur Interpretationsskizzen, die es unserem Geist dennoch ermöglichen, seinen Horizont zu erweitern und uns toleranter zu machen, weil wir offener für die Ideen anderer sind und sie deshalb besser verstehen und leben können.

James Hillman (1926–2011) erinnert uns daran[9], dass der Verstand Ideen liebt, ja, sie braucht und nach neuen verlangt, nicht um den Verfall der Gehirnfunktionen hinauszuzögern – Ideen sind nicht nur Vitamine oder nützliche Ergänzungen –, sondern um die Welt, die die Ideen bestimmt und bedingt, zu verstehen und, wenn nötig, zu verändern.

8. Was wäre, wenn die eigentliche Aufgabe der Schule darin bestünde, zum Philosophieren zu erziehen?

Das Schulsystem von heute unterrichtet, aber erzieht nicht immer.[10] »Erziehen« bedeutet im Fall der Schulbildung, dass man den Kindern hilft, ihre Gedanken zu gebären, so wie Phainarete, die Mutter von Sokrates, den Frauen half, ihre Kinder zu gebären. Wenn Bildung eine Übertragung kultureller Inhalte ist von denen, die sie besitzen (den Lehrpersonen), auf diejenigen, die sie nicht besitzen (die Schülerinnen und Schüler), dann ist Bildung ein Prozess, der auf die Autonomie des eigenen Denkens abzielt, ein Prozess, der das bereits Gedachte nicht mit dem Geist unkritischer Akzeptanz angeht, sondern mit dem Wunsch, das eigene Denken jenseits der bereits strukturierten Antworten zu üben. Dies ermöglicht es jungen Menschen, aus jenem Zustand herauszukommen, den Kant, wenn er von »Aufklärung« spricht, einen »Zustand der Unmündigkeit« nennt: »Aufklärung ist der Ausgang des Menschen aus seiner selbst verschuldeten Unmündigkeit. Unmündigkeit

---

8 R. Descartes, *Discours de la méthode* (1637), dt.: *Von der Methode*. Aus dem Frz. übers. von Lüder Gäbe, Hamburg 1960.

9 J. Hillman, *The Force of Character and the Lasting Life* (1999), dt.: *Vom Sinn des langen Lebens. Wir werden, was wir sind*. Kösel, München, 2000.

10 Siehe dazu U. Galimberti, *Il libro delle emozioni*, Feltrinelli, Mailand 2021, Kapitel 26: »L'istruzione e l'educazione«.

ist das Unvermögen, sich seines Verstandes ohne Leitung eines anderen zu bedienen. Selbstverschuldet ist diese Unmündigkeit, wenn die Ursache derselben nicht am Mangel des Verstandes, sondern der Entschließung und des Mutes liegt, sich seiner ohne Leitung eines andern zu bedienen. *Sapere aude!* Habe Mut, dich deines eigenen Verstandes zu bedienen! ist also der Wahlspruch der Aufklärung«.[11]

Wenn wir dieser Aufforderung Kants Beachtung schenken, erkennen wir sofort, dass Kant die Aufklärung nicht so sehr als Denkströmung oder als Kompendium philosophischer Errungenschaften betrachtet, sondern vielmehr als eine Verhaltensweise, eine Lebenspraxis, eine Denkübung, von der sich die Menschheit, wenn sie nicht abdanken will, nicht ausnehmen kann. Kant sieht die Aufklärung nicht als Theorie, sondern als Praxis, als Handeln, als Philosophieren.

So gesehen ist die Aufklärung nicht nur einfach eine historische Epoche, sondern eine unendliche Aufgabe. Und deshalb ist es gut, sie bereits Kindern nahezubringen, um ihr autonomes Denken und damit ihre Selbstbestimmung zu fördern. Das ist vor allem in der heutigen Zeit notwendig, in der die allgegenwärtigen Medien uns auf fast schon hypnotische Weise Dinge vordenken, die unkritisch nachgeplappert werden. Martin Heidegger warnte bereits 1927 vor dieser Gefahr: »In der Benutzung öffentlicher Verkehrsmittel, in der Verwendung des Nachrichtenwesens (Zeitung) ist jeder Andere wie der Andere. [...] In dieser Unauffälligkeit und Nichtfeststellbarkeit entfaltet das Man seine eigentliche Diktatur. Wir genießen und vergnügen uns, wie *man* genießt; wir lesen, sehen und urteilen über Literatur und Kunst, wie *man* sieht und urteilt; wir ziehen uns aber auch vom ›großen Haufen‹ zurück, wie *man* sich zurückzieht; wir finden empörend, was *man* empörend findet. Das Man, das kein bestimmtes ist [...], schreibt die Seinsart der Alltäglichkeit vor.«[12] Es versteht sich von selbst, dass in diesem Zustand der perfekten Anpassung der Freiheitsraum und die Notwendigkeit der Interpretation reduziert werden, sogar bis hin zur Aufhebung.

---

11 I. Kant, *Beantwortung der Frage: Was ist Aufklärung?* in »Berlinische Monatsschrift«, Bd. 4, 1784.

12 M. Heidegger, *Sein und Zeit* (1927).

Aber diese Einschränkung kann nicht ohne ein kritisches und autonomes Denken wahrgenommen werden, das während der Schulzeit gereift ist und jedem Menschen erlaubt, eine andere Welt als die von den Medien und sozialen Netzwerken repräsentierte Welt zu vermuten. Wir befinden uns also in einer ähnlichen Situation wie die, die Günther Anders (1902–1992) in den *Kindergeschichten* beschreibt:

»Da es dem König aber wenig gefiel, dass sein Sohn, die kontrollierten Straßen verlassend, sich querfeldein herumtrieb, um sich selbst ein Urteil über die Welt zu bilden, schenkte er ihm Wagen und Pferd.

›Nun brauchst du nicht mehr zu Fuß zu gehen‹, waren seine Worte.

›Nun darfst du es nicht mehr‹, war deren Sinn.

›Nun kannst du es nicht mehr‹, deren Wirkung«.[13]

Um dieses Szenario zu vermeiden, darf die Schule nicht denken, dass sie ihre Aufgabe erledigt hat, wenn sie die notwendigen kulturellen Inhalte (Bildung) vermittelt hat. Schließlich besteht die eigentliche Aufgabe der Schule darin, den Kindern die Autonomie des Denkens zu vermitteln und, wie Kant sagt, den »Mut«, es zu praktizieren, nachdem sie es gelernt haben. Zum Beispiel, indem sie von der ersten Klasse an Philosophie betreiben. Denn genau in dieser Praxis und nicht so sehr in guten Ratschlägen, Ermahnungen oder gar Strafen besteht die Bildung, die neben dem Denken, Argumentieren und damit Entscheiden auch deinen Geist öffnet, dich dazu einlädt, deinen Horizont zu erweitern, den Standpunkten anderer zuzuhören, damit du dein Weltbild verändern kannst und es nicht in abgestandenen Ideen erstarrt, mit einem Wort, wie Kant sagt: Sie gibt dir den Mut, deinen Kopf zu benutzen.

13 G. Anders, *Die Antiquiertheit des Menschen*, Bd. I: *Über die Seele im Zeitalter der zweiten industriellen Revolution*, C. H. Beck, München 1956.

9. Ein Leben, das sich nicht selbst prüft, ist nicht lebenswert

Kinder werden nicht weise geboren, doch im Gegensatz zu den Unwissenden hören sie nicht auf, Fragen zu stellen – Fragen, die von den Erwachsenen oft ignoriert werden. Die Fragen der Kinder bleiben also unbeantwortet, dabei könnten sie die Antworten, die sich die Erwachsenen auf ihre eigenen Probleme gegeben haben, infrage stellen und so ihre Sicht der Welt verändern.

In diesem Buch werden ganz unterschiedliche Fragen aufgeworfen und eröffnen so einen grenzenlosen Spielraum, denn die wahre Antwort ist nie die, die den Diskurs abschließt, sondern die, die in der nächsten Frage verborgen liegt. Das ist die Natur des Menschen, den Friedrich Nietzsche (1844–1900) als »noch nicht festgestelltes Tier«[14] bezeichnet hat und der deshalb wie jeder ziellose Wanderer[15] unendlich viele Fragen stellt, weil nur so seine Treue zum rastlosen und gerade deshalb faszinierenden Menschsein begründet werden kann.

Diese Aufforderung stammt wiederum von Sokrates, für den gilt: »Ein Leben, das sich nicht selbst prüft, ist nicht lebenswert«. Auch wenn der Meister, der uns bis hierher geführt hat, aus seiner Erfahrung heraus das Bedürfnis verspürt, zu sagen: »Es ist aber nicht leicht, euch zu überzeugen«.[16]

---

14 F. Nietzsche, *Jenseits von Gut und Böse. Vorspiel einer Philosophie der Zukunft* (1886).

15 U. Galimberti, *L'etica del viandante*, Feltrinelli, Mailand 2023.

16 Platon, *Apologia Socratis – Des Sokrates Verteidigungsrede*.

»Philosophieren heißt fragen und antworten, vor allem wenn man es nicht eilig hat, die Antwort zu finden.«

aus: Karl Jaspers, Philosophie (1932–1956)

IST DAS, WAS DU SIEHST, REAL?

In einem seiner berühmtesten Gemälde hat der Maler René Magritte (1898–1967) eine schöne Pfeife gemalt. Darunter schrieb er jedoch: *Dies ist keine Pfeife*. Was will er damit sagen? Versucht er, uns zu täuschen? Oder hat er recht, wenn er das schreibt?

Ich habe es mit eigenen Augen gesehen«: Dieser Satz wird manchmal verwendet, um zu erklären, warum man sich sicher ist, dass etwas wirklich geschehen ist oder wirklich existiert. Aber reicht das Sehen wirklich aus, um die Existenz von etwas zu beweisen? Ein erster Zweifel könnte aufkommen, wenn man optische Täuschungen betrachtet. Machen wir doch die Probe aufs Exempel mit den beiden horizontalen Linien.

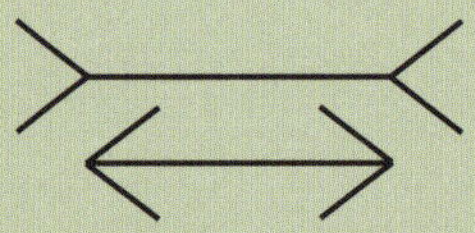

Schau dir die Linien an. Die obere scheint länger zu sein als die untere. Aber gibt es wirklich eine längere Linie? Wenn du mit einem Lineal misst, wirst du sehen, dass beide Linien gleich lang sind. Doch erweitern wir die Perspektive. Der griechische Philosoph Platon (um 428–348 v. Chr.) verglich unseren Zustand mit dem von Gefangenen, die von Geburt an in einer Höhle aufwachsen und gezwungen sind, auf eine Wand zu schauen, auf der sich Schatten

bewegen. Da sie keine andere Erfahrung haben, stellen die Schatten für sie die gesamte Realität dar. Nur einer der Gefangenen, der befreit wird und sich in der Höhle bewegen kann, um einen Ausweg zu finden, erkennt, dass die Schatten nicht so real sind, wie sie zu sein schienen: Sie sind das Spiegelbild von Dingen, die der Mann vorher nicht sehen konnte. Inwiefern sind diese Gefangenen wie wir? Sind sie wie wir, wenn wir die Dinge für real halten, so wie sie erscheinen? Ohne Fragen zu stellen, ohne zu wissen, was hinter den Erscheinungen sein könnte, »hinter« den Dingen, die wir sehen, vielleicht direkt hinter uns? Platon will uns warnen: Die Wirklichkeit ist nicht so, wie sie erscheint, und wir brauchen Wissen, um zu verstehen, wie die Dinge wirklich sind. Das sollten wir auch bedenken, wenn wir uns Bilder in der Werbung oder im Internet ansehen oder wenn uns Nachrichten vorgesetzt werden, die wir nicht überprüfen können und die gefälscht sein könnten. Wir sollten nicht denken, dass alles, was wir sehen, wirklich existiert, aber wir sollten auch nicht denken, dass nur das existiert, was wir sehen können. Denn was wir sehen, kann uns täuschen und sich als Fallstrick erweisen ...

Und noch etwas: Das Bild einer Pfeife ist keine Pfeife.

WEISST DU, WANN DU AUFHÖREN MUSST?

Am Tempel des Apollo in Delphi stand geschrieben: *Nichts zu viel*. Diese Botschaft war an alle gerichtet, aber was bedeutete sie? Dass man nie zu weit gehen und auf keinen Fall übertreiben sollte! Aber wie wird dieses »zu viel« gemessen?

Schon als Kind hat man immer wieder die gleichen Ermahnungen gehört: nicht zu viel oder zu wenig essen, nicht zu viel rennen oder schwitzen, nicht zu laut sprechen, nicht zu viel Zeit mit Videospielen oder mit dem Smartphone verbringen. Aber auch Erwachsene müssen aufpassen: Manchmal sind sie zu ängstlich, zu abgelenkt, zu anspruchsvoll, in manchen Situationen zu abwesend und in anderen zu aufdringlich. Der Satz »Nichts zu viel« wird Solon (ca. 640–560 v. Chr.), einem der sieben Weisen der Antike, zugeschrieben, der alle ermahnte, eine bestimmte Linie nicht aus den Augen zu verlieren und sie nicht zu überschreiten. Aber was ist mit dieser Linie gemeint? Es scheint sie überall zu geben. Pflanzen zum Beispiel brauchen Wasser zum Leben: Bekommen sie zu viel oder zu wenig davon, können sie absterben. Dasselbe gilt für Licht und Temperatur: Zu viel oder zu wenig davon kann den Pflanzen schaden. In Zeiten der globalen Erwärmung sehen wir, dass zu hohe Temperaturen etlichen Tierarten ernsthafte Probleme bereiten. Und auch in Ökosystemen gibt es instabile Gleichgewichte, die zusammenbrechen, wenn bestimmte Elemente zu stark zu- oder abnehmen.

Um uns herum sehen wir oft, dass zu viel Fläche für den Bau von Straßen und Häusern verbraucht wird; es gibt zu viel Umweltverschmutzung, zu viel Verkehr, zu wenig Grün. Auch die Straßenschilder mit Geschwindigkeitsbegrenzungen haben mit dieser Linie zu tun, die Schilder mit der maximalen Personenzahl in Aufzügen, die gelben Linien entlang der Gleise in Bahnhöfen, die nicht überschritten werden dürfen, damit wir nicht zu nahe an vorbeifah-

rende Züge geraten. Diese Linien finden wir auch zuhause, zum Beispiel im Badezimmer, wenn wir duschen oder das Licht einschalten – auch hier müssen wir darauf achten, nicht zu übertreiben und Verschwendung zu vermeiden. Bei vielen alltäglichen Verrichtungen kann eine Überschreitung der Linie zu unangenehmen Folgen, gefährlichen Situationen und mehr oder weniger schweren Konsequenzen führen. Sich dessen bewusst zu sein ist wichtig, reicht aber manchmal nicht aus. Es gibt keine allgemeingültige Regel, die uns hilft, all diese Linien um uns herum zu bemerken und zu erkennen, *wann* man sich ihnen nähert: Manchmal ist es einfach, sie zu erkennen, manchmal sehr schwer. Und manchmal kann man nicht mehr anhalten, obwohl man weiß, dass man sie gleich überschreiten wird. Was dann?

Nach den alten Philosophen können wir unser Gespür für Grenzen verbessern. Zunächst müssen wir lernen, uns in kleinen alltäglichen Abläufen Grenzen zu setzen. Verbringst du zu viel Zeit mit dem Handy? Lege kurze Zeitintervalle fest, in denen du es nicht benutzt. Sitzt du zu viel? Nimm dir vor, dich jeden Tag mindestens zehn Minuten mehr zu bewegen, und steigere die Zeit allmählich, bis du ein gutes Gleichgewicht erreicht hast. Versuche es, und ich bin sicher, dass es klappt!

KENNST DU DICH SELBST?

Glaubst du, dass du dich kennst? Das mag einfach erscheinen, weil es sich ja um jemanden handelt, den du immer gekannt hast. Doch der griechische Philosoph Sokrates wies darauf hin, dass es gar nicht so einfach ist.

Wir können anderen direkt ins Gesicht sehen, aber nicht uns selbst: Wir brauchen dafür einen Spiegel. So ist es auch mit der Selbsterkenntnis, sie ist keine unmittelbare Angelegenheit.

Um sich selbst zu kennen, ist es wichtig, über die eigene Vergangenheit nachzudenken, aber die Erinnerung hilft uns oft nicht weiter. Wir erinnern uns zum Beispiel an nichts oder fast nichts aus den ersten Lebensjahren, obwohl diese so wichtig sind, um zu werden, wer wir sind. Wir müssen uns auf die Berichte anderer verlassen, aber auch die erinnern sich nicht an alles. Und selbst wenn wir uns erinnern können, führt uns das, woran und wie wir uns erinnern, nicht selten in die Irre. Um uns selbst kennen zu lernen, sollten wir zumindest ein bisschen verstehen, wie unser Körper funktioniert. Warum zum Beispiel empfinden wir diese oder jene Gefühle? Wie kommen wir auf bestimmte Gedanken? Wir müssen uns ein Bild davon machen, was die Wissenschaft, die Psychologie und Philosophie zu diesem Thema gesagt haben. Dabei werden wir unterschiedliche Sichtweisen entdecken, die uns helfen, die Dinge auf eine neue Art zu betrachten.

Wenn man sich selbst kennen lernt, bedeutet das auch, sein eigenes Potenzial zu entdecken, was ganz schön schwierig sein kann. Unser Potenzial ist nicht immer definiert, und wir wissen nicht, wo wir es in uns suchen sollen: Es muss aufgespürt werden, und um es aufzuspüren, brauchen wir Zeit, Erfahrung und den Vergleich mit anderen Menschen.

Kurz gesagt: eine langwierige und komplizierte Aufgabe, auch weil unser Selbst, nach dem wir suchen, nicht immer dasselbe bleibt. Hast du bemerkt, dass mit jedem Jahr, das vergeht – aber auch mit jedem Monat, vielleicht sogar mit jedem Tag –, sich etwas in dir verändert? In jedem Menschen!

Du stößt auf neue Schwierigkeiten, überwindest Hindernisse, die dich blockiert hatten, erkennst neue Grenzen und entdeckst neue Möglichkeiten. Wir verändern uns ständig, und unser Wissen über uns selbst muss immer wieder aktualisiert werden. Was kann uns helfen, uns selbst besser und unter anderen Gesichtspunkten kennen zu lernen? Zum Beispiel können Menschen, die

uns wichtig sind, uns helfen. Aber auch Erfahrungen, die wir machen, Reisen, Bücher, Sport, Filme und Fernsehserien – alles, was uns anregt, uns selbst zu beobachten und neue Seiten an uns zu entdecken.

Es ist eine Arbeit, die ein Leben lang dauern kann. Und manchmal haben wir vielleicht Zweifel, ob sie sinnvoll ist. Warum sollten wir uns die Mühe machen, uns selbst zu erkennen, wenn der Weg so steinig ist?

Einige der großen Philosophen der Antike, allen voran Sokrates (469–399 v. Chr.), würden so antworten: Wer sich nicht der Aufgabe stellt, sich selbst zu kennen, kann sich nicht richtig um sich selbst kümmern, weil dieser Mensch nicht weiß, worum er sich kümmern soll. Er führt deshalb ein eher oberflächliches und unglückliches Leben.

Wer diese Arbeit vernachlässigt, verbringt die Zeit vielleicht hauptsächlich damit, sich um Kleidung und Schuhe zu kümmern, also um die Gegenstände, die er besitzt. Diese Menschen ziehen es vor, sich um ihr Image zu kümmern, und verwechseln ihr eigenes Selbst mit einer Reihe von Dingen, die außerhalb ihrer selbst liegen: mit Äußerlichkeiten.

VERÄNDERT SICH ALLES?

Wenn man dir sagen würde, dass der Eiffelturm, der aus Tausenden von Tonnen Eisen besteht, mehr als einmal im Jahr seine Größe verändert, würdest du es glauben? Wahrscheinlich nicht. Und doch tut er es. Kannst du dir vorstellen, warum?

Bei seiner Einweihung im Jahr 1889 war der Eiffelturm 312 Meter hoch. Auf der offiziellen Website des Monuments ist jedoch zu lesen, dass der Turm im Sommer einige Zentimeter höher und im Winter etwas niedriger ist. Diese Schwankungen hängen von dem Material ab, aus dem er besteht, denn wie andere Metalle dehnt sich auch Eisen aus, wenn die Temperatur steigt, und schrumpft, wenn sie sinkt. Außerdem erwärmt sich die Seite, die der Sonne ausgesetzt ist, stärker und wird länger: Der Turm »biegt« sich in Richtung des schattigen Teils, der kürzer bleibt. Wird der Turm tagsüber von verschiedenen Seiten von der Sonne beschienen, zeichnet seine Spitze einen Kreis mit einem Durchmesser von etwa 15 Zentimetern in die Luft!

Viele andere Dinge, die uns stabil und unbeweglich erscheinen, sind es in Wirklichkeit nicht. Schon der antike Philosoph Heraklit (um 520–460 v. Chr.) dachte in diesem Sinne und sagte: »Alles fließt.« Aber bewegt oder verändert sich wirklich alles? Heraklit wies darauf hin, dass die Art und Weise, wie wir über Dinge sprechen, uns in die Irre führen kann. Wenn du im Sommer zum Fluss gehst und zweimal badest, könntest du, ohne viel nachzudenken, sagen, dass du zweimal im selben Fluss gebadet hast. Aber das ist nicht ganz richtig, würde Heraklit entgegnen, denn der Fluss ist nicht derselbe, weil sich sein Wasser verändert hat. (Andererseits würdest auch du dich zwischen dem ersten und dem zweiten Bad verändern, eben weil du gebadet hast oder

weil du andere Gedanken hast.) Gibt es also wirklich nichts, was unbeweglich ist und immer gleich bleibt? Wir wissen, dass Wind und Regen das Profil von Bergen formen können, aber was ist mit einem einfachen Stein? Wenn man ihn betrachtet, scheint er unbeweglich zu sein, doch auch er hatte einen Ursprung, er war nicht immer so, wie er heute ist. Wenn wir beobachten könnten, was in seinem Inneren vor sich geht, auf der Ebene der Atome, aus denen er besteht, würden wir viel Bewegung entdecken. Der Planet Erde mit allem, woraus er besteht, existiert nicht für immer und ewig. Das ganze Universum, so Heraklit, ist in ständiger Bewegung, wie ein ewig loderndes Feuer. Was dieses Feuer nährt, ist das Aufeinandertreffen von Gegensätzen, wie Hitze und Kälte oder Leben und Tod. Das lässt sich auch im Alltag beobachten: Wenn sich Dinge einer Wärmequelle nähern, werden sie warm, wenn sie sich von ihr entfernen, werden sie kalt und verändern manchmal ihre Eigenschaften. Wie Wasser, das zu Eis oder Dampf werden kann. Alles Lebendige geht dem Tod entgegen, aber das, was stirbt, kann neues Leben nähren.

SIND WIR GUT ODER SCHLECHT?

Sicher, manchmal sind wir großzügig zu uns und anderen, und andere sind es auch zu uns. Aber was ist mit all der Gewalt und den Kriegen auf der Welt? Wir Menschen sind offensichtlich fähig, Gutes und Böses zu tun, aber was ist unsere wahre Natur?

Der englische Philosoph Thomas Hobbes (1588–1679) hat versucht, sich vorzustellen, wie ein Naturzustand ohne Gesellschaft und ohne Gesetze aussehen könnte: In einer solchen Situation wäre nichts unter Kontrolle, wir wären aggressiv und gemein zu anderen Menschen. Weil sich der Mensch nämlich nur dann zivilisiert und respektvoll gegenüber anderen verhält, wenn er sich einer Gemeinschaft anschließt und bereit ist, sich einer Institution und Regeln zu unterwerfen. Nur auf dieser Grundlage kann in einem Staat Frieden herrschen.

Zwischen verschiedenen Staaten ist die Möglichkeit eines Krieges jedoch nie ganz ausgeschlossen, und bei Konflikten verfallen die Kombattanten – von den zivilisierten Menschen, die sie waren – wieder in das Verhalten wilder Tiere. Was das bedeutet, sehen wir leider sehr gut an den Bildern und Geschichten aus den Kriegsgebieten in der ganzen Welt. Was also ist unsere Natur?

Um über diese Frage nachzudenken, müssen wir wissen, was der Franzose Jean-Jacques Rousseau (1712–1778) sagte, ein Philosoph, der die Dinge anders sah als Hobbes. Diesem Denker zufolge ist es *gerade* das Leben im Kontakt mit anderen, das uns dazu bringt, feindselig zu sein und uns gegenseitig zu betrügen. Rousseau stellt sich nämlich die Zeit vor, als unsere Vorfahren die ersten Siedlungen gründeten. Am Anfang müssen Gefühle wie Liebe und Freundschaft geherrscht haben, die zu starken Bindungen zwischen verschiedenen Familien führten. Doch schon bald führte der tägliche Umgang miteinander zu Vergleichen zwischen den Menschen, zu Vorlieben und Wettbewerb: Die einen waren glücklich darüber, besser zu sein als andere, die anderen litten darunter, es nicht zu sein. In der Folge begannen sich Gefühle wie Neid, Stolz, Scham und Eitelkeit auszubreiten, die uns bis heute begleiten. Wie in der Schule, wo man viel Zeit mit seinen Mitschülerinnen und Mitschülern verbringt: Vielleicht hat man miterlebt, wie jemand gemobbt wurde, oder man selbst hat ohne besonderen Grund eine Freundin oder einen Freund gehänselt und schikaniert, nur um sich überlegen zu fühlen …

Es geht also nicht darum, festzustellen, ob der Mensch von Natur aus gut oder schlecht ist, sondern darum, zu verstehen, was uns in beide Richtungen antreibt. Rousseau zufolge liegt in der menschlichen Natur die Grundlage sowohl für das Gute als auch für das Böse. Die Erziehung und die Art

der Gesellschaft, in der ein Mensch lebt, sind also sehr wichtig, um das eine oder das andere zum Keimen zu bringen. Jedoch sind es immer die Entscheidungen des einzelnen Individuums, die letztendlich den Unterschied ausmachen, wenn es darum geht, Gutes oder Schlechtes zu tun.

WAS IST SCHÖNHEIT?

Wenn wir nach der Größe eines Gemäldes fragen und zum Messen das gleiche Maßband benutzen, können wir uns leicht einigen. Es würde keinen großen Unterschied machen, ob wir dabei zu zweit oder zu zehnt sind. Es wäre jedoch nicht so einfach, sich über die Schönheit des Gemäldes zu einigen. Warum ist das so?

Sokrates (469–399 v. Chr.), der große Philosoph aus Athen, war berühmt für seine Fragen, die alle mit »Was ist das?« begannen. So fragte er beispielsweise diejenigen, die von gerechten und mutigen Handlungen sprachen: »Was ist Gerechtigkeit? Was ist Mut?« Als er die Menschen, die er in seiner Stadt traf, befragte, stellte er fest, dass viele die Begriffe, die sie verwendeten, nicht genau erklären konnten. Er beschloss, mit den Männern zu sprechen, die als die gelehrtesten Athens galten, und so traf er viele Politiker, Dichter und Handwerker: Indem er sie mit seinen Fragen konfrontierte, stellte er fest, dass sie nichts von dem wussten, was sie zu wissen vorgaben. Für ihn war das ein sehr ernstes Problem, denn ihm schien, dass seine Gesprächspartner über Dinge redeten, die eigentlich sehr wichtig waren, ohne sich darüber im Klaren zu sein.

Wenn er Menschen befragte, war Sokrates sehr anspruchsvoll. Auf die Frage »Was ist Schönheit?« hätte er sich zum Beispiel niemals mit einer Aufzählung schöner Dinge zufriedengegeben, sondern hätte verlangt, genauer zu erklären, was das Schöne schön macht. Wie wäre es dir ergangen? Manche Leute würden antworten, dass Schönheit etwas mit Harmonie und Ausgewogenheit zu tun hat; dass schön ist, was angemessen, gut und nützlich ist. Oder

dass Dinge, die Freude bereiten, schön sind, aber keine dieser Definitionen würde jemals allen gefallen. Sicher hast du schon von einem Freund oder einer Freundin unterschiedliche Meinungen über die Schönheit einer Person, eines Films, eines Liedes, eines Kunstwerks oder anderer Dinge gehört, für die das Adjektiv »schön« ganz allgemein verwendet wird. Und du wirst bemerkt haben, dass ein und dieselbe Sache für die einen hässlich und für die anderen schön erscheint. Vielleicht ist es deshalb so schwierig, eine Definition zu finden, die für alle stimmig ist, weil Schönheit keine unveränderliche Eigenschaft ist, die den Dingen innewohnt. Vielleicht entsteht Schönheit in der Beziehung zwischen bestimmten Dingen und denjenigen, die sie wahrnehmen; als ein Gefühl, das je nach den Erfahrungen und Empfindungen der einzelnen Menschen variiert.

Aber neben der Schönheit der Körper gibt es auch die Schönheit der Sprache, der Gedanken, der Gesten und dessen, was Sokrates die »Seele« nannte. Hier stellt sich also eine andere Frage: Wie viel Schönheit haben wir? Die Antwort hängt nicht nur von unserer körperlichen Erscheinung ab, sondern liegt in dem, was wir sind und was wir tun.

WIE WIRD MAN WEISE?

In Comics wird der weise Mensch oft als alter, bärtiger Mann dargestellt, der auf dem Gipfel eines Berges sitzt. Wie stellst du dir einen weisen Menschen vor? Wie viel sollte er wissen und wie sollte er sich verhalten?

Man sagt, zwischen dem weisen und dem »gewöhnlichen« Menschen bestehe derselbe Unterschied wie zwischen dem wachen und dem schlafenden Menschen: Der weise Mensch sieht nämlich, wie die Dinge wirklich sind, während der nicht weise Mensch oft getäuscht wird und sich so bewegt, als wüsste er nicht, was er tut. Der Philosoph Seneca (um 1–65 n. Chr.), der zur Zeit des Kaisers Nero in Rom lebte, ist einer von jenen, die sich ausführlich mit der Frage beschäftigt haben, was Weisheit ausmacht. Seiner Meinung nach ist ein Mensch, der Weisheit erlangt hat, immer in der Lage, das Gute vom Schlechten zu unterscheiden, und er weiß, wie man angesichts von Schwierigkeiten standhaft und unerschütterlich bleibt.

Probiere es selbst aus! Wiederhole in deinem Kopf einige der Sätze, die in der Vergangenheit von Philosophen gesagt wurden und die echte Perlen der Weisheit enthalten. Zum Beispiel diesen: »Was einem passiert, kann allen passieren.« Denke darüber nach: Wenn du das tust, wird es dir leichter fallen, mit anderen mitzufühlen und zu verstehen, dass kein Zustand stabil ist. Seneca gibt denen, die den Weg der Weisheit gehen wollen, viele weitere Ratschläge. Hier sind einige von ihnen: Lerne, deine Bedürfnisse zu begrenzen, indem du dich mit dem zufriedengibst, was du hast, auch wenn es wenig ist. Strebe nicht danach, dich anders zu zeigen, als du bist, nur um anderen zu gefallen. Beurteile die Menschen nicht nach den Dingen, die sie besitzen, denn mehr Besitz macht sie nicht unbedingt besser oder glücklicher. Überfrachte dich nicht mit zu vielen Verpflichtungen, damit du dich nicht in Eile und Unruhe verlierst. Blähe dein Ich nicht mit überzogenen Ansprüchen auf

und schenke den Fehlern der anderen nicht zu viel Gewicht, denn wir alle haben unsere eigenen. Umgib dich mit aufrichtigen Menschen, die bereit sind, solche Ratschläge zu befolgen.

Denke immer wieder daran, wie groß das Universum ist und dass die Zeit, die wir alle haben, begrenzt ist. Diese Übung hilft dir dabei, einen häufigen Fehler zu vermeiden: den Dingen zu viel Bedeutung beizumessen, die in Wirklichkeit Kleinigkeiten sind im Vergleich zu allem, was existiert.

Glaubst du, dass es unmöglich ist, so zu werden wie der von Seneca beschriebene Weise? Auch er selbst dachte so und kam zu der Erkenntnis, dass er nicht weise war. Er ist ein Vorbild, an dem man sich orientieren kann: Auch wenn es nur einem einzigen Menschen alle fünfhundert Jahre gelingt, weise zu werden, so sagte er, kann doch jeder Fortschritte in diese Richtung machen, sich verbessern und lernen, gelassener zu leben.

WAS IST GLÜCK?

Aristoteles (384–322 v. Chr.) sagte, dass jeder das Glück als sein Ziel betrachtet, aber auf dem Weg dorthin viele verschiedene Wege geht. Könntest du eine Karte zeichnen, wie das Glück erreicht werden kann, und auch die Etappen auf dem Weg dorthin markieren?

Zu Aristoteles' Zeiten kursierten viele verschiedene Ansichten darüber, was Glück ausmacht. Einige Menschen meinten, es bestehe darin, Freude zu empfinden oder seinen Wünschen nachzugeben und sie zu befriedigen; andere meinten, es hänge davon ab, mehr Geld oder Ruhm zu besitzen oder seine Feinde im Kampf zu besiegen. Wer nach Glück strebt, muss sich Aristoteles zufolge jedoch darauf konzentrieren, edlere Fähigkeiten zu entwickeln, zum Beispiel gut zu argumentieren und den Verstand zu gebrauchen.

Überzeugt dich das? Wenn ja, dann könnte ein Buch wie dieses, das dich zum Denken anleitet, zu deinem Glück beitragen! Die Fähigkeit, gute Argumente zu finden, wurde sogar von Menschen als wichtig angesehen, die andere Vorstellungen vom Glück hatten als Aristoteles. Epikur (341–270 v. Chr.) zum Beispiel verband Glück mit Vergnügen, empfahl aber, eher ruhige und maßvolle Vergnügungen zu bevorzugen und solche zu meiden, die Aufregung verursachen und dich vielleicht leiden lassen. Vielleicht hast du es selbst schon bemerkt und gehört: Es gibt Dinge, die sofort Vergnügen bereiten, aber Nebenwirkungen haben, die uns mit der Zeit sogar schaden können.

Denk daran, wenn du ein Eis oder eine Packung Chips isst: Beides schmeckt toll und du würdest am liebsten nie mit essen aufhören, aber auf Dauer sind sie sicher nicht gut für deine Gesundheit, weil sie voller Zucker, Salz und Fett sind. In diesem Fall ist es ganz wichtig, den Verstand zu gebrauchen, um zwischen verschiedenen Arten von Genuss zu unterscheiden und sich selbst ein Maß zu geben. Das war für Aristoteles von grundlegender Bedeutung: Glück ist aus seiner Sicht mit Tugend verbunden, und Tugend basiert auf der Fähigkeit, Grenzen zu erkennen, die nicht überschritten werden dürfen.

Und gleich noch eine andere schwierige Frage, die sich die Philosophen seit der Antike gestellt haben: Ist es möglich, immer glücklich zu sein? Ist es möglich, ein so stabiles Glück zu erreichen, dass wir keine Sorgen, Ängste oder Befürchtungen mehr haben müssen? Das scheint sehr schwierig zu sein, denn wir sind im Allgemeinen glücklich, wenn die Situation um uns herum »rosig« ist, während wir traurig werden, sobald die Situation »grau« wird.

Aber das muss nicht immer so sein: Laut Aristoteles hilft es, sich selbst und Situationen richtig einzuschätzen, wenn man vermeiden möchte, dass man zum Chamäleon wird, das je nach seiner Umgebung die Farbe ändert. Das Chamäleon steht für diejenigen, die sich zu sehr von den Ereignissen

»beeindrucken« lassen, für Menschen, die sich überschwänglich freuen, sobald die Dinge gut laufen, und zusammenbrechen, wenn sie schieflaufen. Das führt zu einem ständig schwankenden Gemütszustand, »gefärbt« von den Umständen. Wir sollten stattdessen versuchen, unsere Stimmungen und Einstellungen mit den Feinheiten unseres Denkens und unseren Überlegungen über die Welt selbst einzufärben.

WIE STELLST DU DIR DIE IDEALE STADT VOR?

Große Denkerinnen und Denker versuchten sich immer wieder vorzustellen, wie der ideale Ort aussehen könnte, an dem es sich am besten leben lässt. Aber niemand hat je eine Lösung gefunden, die alle überzeugen konnte. Was würdest du vorschlagen?

Versuche dir die ideale Stadt vorzustellen, in der du leben möchtest. Dazu solltest du dir zunächst eine Reihe von Fragen stellen. Wie würdest du deine Stadt bauen? Mit welchen Materialien? Wie sähe die Landschaft aus? Welche Grundbedürfnisse sollten berücksichtigt werden? Sollte es Gesetze geben? Wenn ja, wie würden die grundlegenden Gesetze aussehen und was würde passieren, wenn sich jemand nicht an sie hält? Wer sollte regieren? Sollte es Schulen geben? Genauso wie die, die es schon gibt, oder ganz andere? Welchen Tätigkeiten sollten die Menschen hauptsächlich nachgehen? Und wie reagieren, wenn unbekannte Männer, Frauen und Kinder an den Grenzen auftauchen und um Aufnahme bitten?

Unter den großen Denkern, die über die Merkmale eines idealen Ortes nachgedacht haben, ragt von Thomas Morus (1478–1535) heraus. Morus beschreibt eine imaginäre Insel namens UTOPIA und entwickelte aus dem Altgriechischen ein Wort, das »Ort, den es nicht gibt«, aber auch »guter Ort« bedeutet, an dem man leben kann. Sein Roman wurde so berühmt, dass der Begriff »Utopie« heute in allen Wörterbüchern zu finden ist. Damit wird nicht nur ein bestimmter Ort bezeichnet, sondern auch jedes Projekt oder Bestreben, das sich auf Ideale bezieht, die schwer zu verwirklichen sind; so schwer, dass sie unmöglich erscheinen.

Hier sind einige seiner Ideen: Auf der Insel Utopia sind alle Güter gemeinschaftlich, und die Menschen widmen schon im Kindesalter einen Teil ihrer Zeit der Landwirtschaft. Sie arbeiten maximal sechs Stunden am Tag: drei vor dem Mittag und drei am Nachmittag. Abgesehen von den Stunden, die dem Schlafen und den Mahlzeiten gewidmet sind, kann jede Bewohnerin und jeder Bewohner der Insel die restliche Zeit nach Belieben verbringen, kann zum Beispiel in gepflegten Gärten spazieren gehen, sich unterhalten, spielen oder Musik hören, lernen oder sich ausruhen. In Morus' idealer Stadt wird nur das produziert, was selber genutzt werden kann, und es gibt kein Geld (Gold und Silber wertlos!), sodass niemand von der Idee besessen ist, Reichtum anzuhäufen. Dem »Gründer« von Utopia lag die Gleichheit so sehr am Herzen, dass er daran dachte, alle Häuser gleich zu gestalten; sogar die Kleidung ist für alle die gleiche, mit nur kleinen Unterschieden, um Männer von Frauen unterscheiden zu können und wer verheiratet ist und wer nicht. Um die Regierung kümmern sich ein paar Magistrate, die von den Familien gewählt werden. Diese wiederum wählen in den vier Gebieten, in die die Stadt aufgeteilt ist, einen Obersten Magistraten aus vier vom Volk bestimmten Kandidaten.

Und jetzt die Frage an dich: Würdest du gerne an einem solchen Ort leben? Oder eher nicht, oder nur teilweise? Es ist schließlich noch niemandem gelungen, eine Utopie zu erfinden, mit der alle zufrieden sind. Trotzdem ist es wichtig, die Fantasie spielen zu lassen, denn sie regt dazu an, ehrgeizige Ideen zu suchen und mit anderen zu teilen. Um eine Ahnung davon zu bekommen, wie man Bestehendes verbessern kann.

WOHER KOMMEN ALLE DINGE?

Was haben die Erde, das Gras, das aus der Erde wächst, die Lebewesen, aber auch Wasser und Luft und all die Dinge, die wir in der Natur beobachten, gemeinsam?

Wenn du ein Samenkorn nimmst und es öffnest, wirst du darin nicht die Form der Pflanze finden, die daraus wachsen kann. Das Samenkorn kann nicht die gesamte Substanz enthalten, aus der die erwachsene Pflanze und ihre Früchte bestehen. Woher kommt dann also die Pflanze? Sicherlich ist etwas im Samenkorn, das für die Entstehung der Pflanze notwendig ist, aber die künftigen Bestandteile der Pflanze befinden sich nicht nur dort: Sie müssen auch in der Erde sein, in der die Pflanze Wurzeln schlägt, in der Luft, die sie umgibt, im Wasser, das sie braucht, um nicht auszutrocknen.

Die ersten Philosophen der griechischen Antike, die sogenannten »Vorsokratiker« (die vor Sokrates lebten), stellten sich die Frage nach dem Ursprung nicht nur der Pflanzen, sondern von allem, was existiert. Sie fragten: Gibt es ein einziges Grundelement, das allem zugrunde liegt, was wir in der Natur beobachten, oder gibt es viele? Innerhalb kurzer Zeit wurden zahlreiche Hypothesen aufgestellt: Diejenigen, die auf ein einziges Element hinwiesen, dachten an Wasser, Luft oder Feuer; diejenigen, die dachten, dass es mehr als ein Grundelement gibt, fügten die Erde zu den bisherigen hinzu. Der Philosoph Anaximander (ca. 610–547 v. Chr.) hingegen vertrat die Ansicht, dass der Anfang aller Dinge kein bestimmtes, definiertes Element wie Wasser oder Luft sein kann. Deshalb stellte er ihn als eine Art grenzenlosen, unbestimmten Hintergrund dar, aus dem alle besonderen Dinge hervorgehen und zu dem sie nach einer Weile zurückkehren und verschwinden. Aber wie ist es möglich, dass ein einziges Grundelement oder auch nur einige wenige die grenzenlose Vielfalt an Körpern und Formen hervorbringen, die es in der Natur gibt? Welche Kräfte erzeugen die unendlich vielen Kombinationen und Umwandlungen?

Um diese Fragen zu beantworten, erfand der Philosoph Demokrit (460–370 v. Chr.) das Wort »Atom«, das noch heute in wissenschaftlichen Büchern zu finden ist und eine zentrale Rolle spielt. Er war es, der als Erster von diesen fundamentalen Teilchen sprach und sagte, dass sie unteilbar sind (im Griechischen bedeutet *átomos* »nicht teilbar«). Demokrits Atome sind materielle Teilchen, für das bloße Auge unsichtbar, unterschiedlich in Form, Anordnung und Position: Um sie besser verstehen zu können, sind sie wie die Buchstaben des Alphabets, die zu Tausenden von Wörtern und Sätzen kombiniert werden können. Buchstaben sind schließlich auch einfache und modulare Elemente, die sich zum Beispiel in der Form (A, B, C ...) unterscheiden oder

in der Reihenfolge (M, N, O ...) oder in der Ausrichtung (wie N und Z) oder p, b und q, die die gleiche Form haben und unterschiedlich ausgerichtet sind. Auch die Position spielt eine Rolle: Die Verbindung AB unterscheidet sich von BA.

Die Atome, von denen die Wissenschaft heute spricht, sind nicht mehr die Atome von Demokrit, weil man festgestellt hat, dass sie teilbar sind. Seine Idee ist jedoch nach wie vor faszinierend: Die Natur benutzt Atome, um ihre unzähligen Geschichten zu schreiben, so wie wir Buchstaben benutzen, um unsere zu schreiben.

WAS KOMMT NACH DEM TOD?

Wie kann man eine Vorstellung bekommen von einer Erfahrung, die kein lebender Mensch je gemacht hat? Wenn nichts über den Tod bekannt ist, warum haben wir dann so viele Vorstellungen darüber, was danach sein könnte?

Seit prähistorischen Zeiten begraben die Menschen ihre Toten: Dank archäologischer Ausgrabungen in verschiedenen Teilen der Welt wissen wir, dass schon unsere sehr weit zurückliegenden Vorfahren, die vor der Erfindung der Schrift lebten, Bestattungsrituale kannten. Wir wissen nicht im Detail, welchen Glauben sie hatten. Vielleicht waren die frühesten Vorstellungen von dem, was nach dem Tod sein könnte, inspiriert von der Trauer über den Verlust geliebter Menschen und dem Wunsch, eine gute Beziehung zu den Verstorbenen aufrechtzuerhalten. Möglicherweise rührt daher das Gefühl (oder die Hoffnung), dass der Tod nichts anderes ist als der Übergang zu einem neuen Zustand der Existenz.

In Ägypten wurden sogenannte »Totenbücher« gefunden, Papyrusrollen, die vor mehr als 4.000 Jahren in die Gräber gelegt wurden. Fast wie Landkarten oder Wegweiser, die den Verstorbenen auf der schwierigen Reise ins Jenseits helfen sollten. Die religiösen Überzeugungen unterschieden sich von Ort zu Ort, und irgendwann vermischten sie sich mit philosophischen Theorien. Einige Philosophen meinten, dass jeder Mensch eine unsterbliche Seele habe, deren Reise schon vor der Geburt beginnt und nach dem Tod weitergeht. Wer das so sah und die Seele vom Körper trennte, hatte die Vorstellung, dass das, was der Seele im Jenseits begegnet, vom Wissen und von den Taten eines Menschen abhängt.

Andere Philosophen vertraten dagegen die Auffassung, dass die Seele keine autonome Substanz sei, die den Körper überlebt. In diesem Fall gäbe es nichts nach dem Tod, denn die Seele zerfällt wie jedes andere materielle Ding auch und kann daher keine Erfahrungen mehr machen. So wie der Körper eines Verstorbenen keine Erfahrungen mehr machen kann.

Der philosophierende Kaiser Marcus Aurelius (121–180) suchte einen Weg, sich von der Angst vor dem Tod zu befreien, ohne den Anspruch zu erheben, das Rätsel zu lösen. Er dachte über zwei mögliche Alternativen nach: Entweder bestehen die Dinge aus Materie und Atomen, die sich miteinander verbinden und im Laufe der Zeit zerfallen, oder es gibt ein göttliches Prinzip, das die Materie selbst und das Universum als Ganzes organisiert. Im ersten Fall müssen wir uns damit abfinden, dass wir wieder in den Strom der Elemente aufgenommen werden, aus denen wir entstanden sind, wohl wissend, dass wir dort weder Freude noch Schmerz empfinden werden: Schließlich kehren wir dorthin zurück, woher wir gekommen sind. Im zweiten Fall bleibt uns nichts anderes übrig, als auf die Vernunft, die die Welt regiert, zu vertrauen.

Auf diese Weise zu denken, so Marcus Aurelius, tröstet uns, auch wenn die Ungewissheit nicht aufgelöst werden kann: Geburt und Tod bleiben die beiden geheimnisvollsten Ereignisse der Natur, egal wie viel wir darüber nachdenken.

GIBT ES GOTT?

Seit Anbeginn der Zeit haben die Menschen an die Existenz höherer Mächte geglaubt. Aber ist die Existenz von Göttern oder eines einzigen Gottes nur eine Frage des Glaubens, oder gibt es Argumente, die das beweisen können?

Die Tatsache, dass viele Menschen an etwas glauben, reicht nicht aus, um zu beweisen, dass die Sache, an die man glaubt, wirklich existiert. Beispiel Fake News: Die Tatsache, dass viele Menschen sie für wahre Nachrichten halten und weitergeben, reicht noch lange nicht aus, um sie wahr zu machen.

Wie beweist du die Existenz von etwas? Wenn du es direkt erlebst, hast du normalerweise nicht das Bedürfnis, dessen Existenz zu beweisen. Wenn du es jedoch nicht unmittelbar wahrnimmst, zum Beispiel bei Ereignissen in der Vergangenheit, kannst du Hinweise sammeln und nach Beweisen suchen, Schlussfolgerungen ziehen und die Nagelprobe machen. Detektivinnen und Detektive, Historiker und Wissenschaftlerinnen tun dies auf unterschiedliche Weise. Bei Beweisführungen in der Geometrie ist die Situation anders: Ausgehend von verlässlichen Gesetzen baut man Argumentationsketten auf, mit denen man Schritt für Schritt Beziehungen und Eigenschaften nachweisen kann, die auf den ersten Blick nicht eindeutig sind.

Wie sieht es aber mit der Existenz eines göttlichen Wesens aus? Der Dominikanermönch Thomas von Aquin (um 1225–1274) setzte alles daran, um zu beweisen, dass es Gott gibt, und hat nicht nur einen, sondern fünf Beweise angeführt.

Hier ist der erste: Im Laufe der Zeit verändert sich alles um uns herum. Und alles, was sich verändert und bewegt, muss von etwas bewegt werden. Da es nicht möglich ist, dass es eine endlose Kette von Motoren und bewegten Dingen gibt, muss es einen Hauptbeweger geben, der alles andere in Bewegung gesetzt hat. Der primäre Beweger des Universums ist Gott. Dieser Beweis hängt mit dem zweiten zusammen: Alles, was existiert, hat eine Ursache, die ihm vorausgeht. Da man in der Ursachenkette jedoch nicht unendlich weit zurückgehen kann, muss es am Ursprung von allem eine erste Ursache geben. Diese erste Ursache ist Gott.

Ein weiterer sehr berühmter Beweis ist der, dass es in der Natur außerordentlich gut organisierte Körper und Phänomene gibt. Denk zum Beispiel an die komplexe Funktionsweise von tierischen Organismen und Pflanzen oder an die Regelmäßigkeit der Bewegungen des Mondes und der Planeten. Wie können sie erklärt werden? Laut Thomas von Aquin kann man sie nur erklären, wenn man die Existenz einer höheren Intelligenz anerkennt, die alles lenkt, regelt und steuert. Diese Beweise, über die seit Jahrhunderten diskutiert wird, haben jedoch nicht alle überzeugt. Manche Menschen glauben, dass die

Existenz Gottes nicht mit der Kraft der Vernunft bewiesen werden kann, weil Gott weder Teil der Natur ist, noch ein Objekt, das wir erfahren können.

Was denkst du? Welcher dieser drei Beweise erscheint dir solider und überzeugender?

Doch selbst wenn die Existenz Gottes mit der Vernunft bewiesen werden könnte, könnte man dann beweisen, *welcher* Gott existiert? Diese Frage drängt sich auf, wenn man bedenkt, dass viele Religionen im Laufe der Jahrhunderte auf die Existenz eines Gottes oder vieler Götter verwiesen, wobei sie unterschiedliche Bilder von ihnen zeichneten.

Sicherlich bist auch du schon Menschen begegnet, die sich zu verschiedenen Religionen bekennen: Für viele von ihnen ist die Antwort auf die Frage nach der Existenz Gottes eine Frage des Glaubens, und die Vernunft kann, so sehr sie sich auch anstrengt, keine endgültige Aussage darüber treffen.

WAS IST ZEIT?

Manchmal haben wir das Gefühl, dass die Zeit stillsteht, manchmal scheint sie viel zu schnell zu vergehen. Für unsere Uhren hingegen läuft sie immer im gleichen Tempo. Aber was ist das eigentlich, was da vergeht, wenn die Vergangenheit nicht mehr und die Zukunft noch nicht da ist?

28
12
11

Wir sagen, dass die Zeit vergeht oder fließt: Wir sprechen über sie wie über einen Fluss, also etwas, das sich vorwärts bewegt, eine Linie, die die Gegenwart mit allen Punkten der Vergangenheit und der Zukunft verbindet. Diese Linie scheint in gleiche Teile geteilt zu sein: Jeden Tag legen die Zeiger einer Uhr die gleiche Strecke im gleichen Rhythmus zurück, und keine der 86.400 Sekunden, die in 24 Stunden enthalten sind, unterscheidet sich von den anderen.

Dennoch gibt es für uns Minuten, die wie im Flug vergehen, und andere, die nur langsam verstreichen. Das hängt von der Tätigkeit ab, der wir gerade nachgehen. Laut dem französischen Philosophen und Literaturnobelpreisträger Henri Bergson (1859–1941) ist die Zeit, die von Uhren angezeigt wird, eine Konstruktion unseres Verstandes. Sie entsteht aus dem Bedürfnis zu messen, zu berechnen und vorherzusagen. Genau auf diese Zeit beziehen sich Wissenschaftlerinnen und Wissenschaftler, wenn sie die Bewegung von Körpern und den Ablauf natürlicher Prozesse untersuchen. Die Zeit unseres Bewusstseins hingegen, die Zeit, die wir auf unserer Haut und in unserem Geist spüren, ist elastisch und durch wechselnde Rhythmen gekennzeichnet. Um die Zeit des Bewusstseins zu beschreiben, verwendet Bergson den Begriff »Dauer«. Diese Zeit empfinden wir je nach den Umständen als mehr oder weniger lang, unabhängig von der Anzahl der von der Uhr gemessenen Minuten.

Es ist eine Zeit, deren Augenblicke sich voneinander unterscheiden, weil jeder Augenblick eine bestimmte Bedeutung und ein bestimmtes Gewicht erhält und abhängig ist von den Augenblicken, die ihm vorausgegangen sind. Es braucht nur eine plötzliche Erinnerung oder Erwartung, damit die Vergangenheit und die Zukunft in den gegenwärtigen Augenblick »platzen« und wir ihn mit einer anderen Intensität erleben. Bei der Unterscheidung zwischen der Zeit, wie sie von der Wissenschaft gemessen wird, und der Zeit, wie sie vom Bewusstsein wahrgenommen wird, konnte Bergson die revolutionären Posi-

tionen eines großen Wissenschaftlers wie Albert Einstein (1879–1955) nicht ignorieren: Er meldete sich kritisch zu Wort und wies darauf hin, dass Einstein die Zeit weiterhin auf die gleiche Ebene wie den Raum stellte, als etwas, das durch mathematische Maße und Formeln beschrieben werden kann. Einstein hatte jedoch eine Theorie entwickelt, nach der die Zeit nicht immer und überall gleich schnell fließt: Stellt man zwei Uhren in unterschiedlichen Entfernungen von einer relativ großen Masse (zum Beispiel einem Planeten) auf, »geht« diejenige, die sich näher an der großen Masse befindet, langsamer. Synchronisiert man hingegen zwei Chronometer und platziert einen davon in einem Raumschiff, das mit hoher Geschwindigkeit ins All startet, würden wir bei dessen Rückkehr zur Erde feststellen, dass der Chronometer hinter dem am Boden zurückgebliebenen liegt. Faszinierend, nicht wahr? Um zu verstehen, wie das passieren kann, muss man viel forschen.

Die Tatsache, dass sich die Geschwindigkeit der Zeit sowohl in der Natur als auch in unserem Bewusstsein beschleunigen und verlangsamen kann, macht es noch geheimnisvoller. Wie der heilige Augustinus (354–430) feststellte, wissen wir alle, was Zeit ist, bis uns jemand bittet, sie zu definieren: Ihm zufolge existieren die Zukunft und die Vergangenheit nicht, weil es die Zukunft noch nicht und die Vergangenheit nicht mehr gibt. Was es gibt, ist nur die Gegenwart. Sie enthält in sich jedoch die Zukunft und die Vergangenheit, denen sich unser Bewusstsein mit Gedanken und Vorstellungen zuwenden kann.

FÜHLST DU DICH FREI?

Seneca (um 1–65), ein Philosoph aus dem alten Rom, behauptete, dass alle Menschen Ketten tragen, die mehr oder weniger schwer sind und die sie in gewisser Weise zu Gefangenen machen. Aber diese Ketten kann man nicht sehen: Was hat Seneca wohl damit gemeint?

Niemand von uns kann sich aussuchen, wo und wann er oder sie geboren wird; auch nicht die Muttersprache, nicht die Erziehung, nicht die Gesetze in seinem Land und auch nicht, wie viele Geschwister er oder sie hat. All diese Dinge bestimmen, wer wir sind und wozu wir fähig sind. Warum halten wir uns dann für frei, wenn unsere Gewohnheiten, unser Geschmack und unser Glaube davon abhängen, wo wir geboren wurden und mit wem wir aufgewachsen sind? Selbst als Erwachsene sind wir immer noch nicht Herr über alle unsere Entscheidungen. Wer von uns kann zum Beispiel frei entscheiden, in wen wir uns verlieben oder wer sich in uns verlieben wird?

Als Seneca sagte, dass wir alle Ketten tragen, bezog er sich auf metaphorische Ketten. Die Sklaverei, wie es sie zu Senecas Zeiten gab, ist heute zwar abgeschafft, aber diese imaginären Ketten gibt es immer noch. Mit seiner Aussage wollte der Philosoph betonen, dass selbst diejenigen, die sich für frei halten, in Wirklichkeit beeinflusst und in ihren Möglichkeiten eingeschränkt sind: durch Umstände und Faktoren, die sie nicht kontrollieren können, aber auch durch Käfige und Ketten, die sie sich selbst schaffen.

Ein Mensch kann durch viele Dinge »gefesselt« und belastet sein: durch Ambitionen, Sorgen, Vorurteile, Emotionen, aber auch durch das Vorbild oder das Urteil anderer. Man kann durch Mode oder Werbung so konditioniert sein, dass man nicht so handelt, wie man es eigentlich möchte. Man kann Sklavin oder Sklave des Reichtums sein, den man besitzt oder besitzen möchte; aber auch der eigenen Rolle, die man spielt, und der Erwartungen, die andere von uns haben.

Unser Handeln wird auch davon bestimmt, was wir gelernt haben und wie wir die Dinge sehen. Wenn ich nicht schwimmen gelernt habe, bin ich nicht frei, in einen Pool oder ins Meer zu tauchen, wo ich nicht mehr stehen kann. Wenn ich nicht Englisch oder Chinesisch gelernt habe, bin ich nicht frei, mich mit jemandem zu unterhalten, der nur diese Sprache spricht. Wenn ich nicht weiß, wie ein Werkzeug funktioniert, bin ich nicht frei, es zu benutzen, selbst wenn ich es brauche. Auch das Nichtwissen ist eine Kette, und zwar eine sehr schwere: Wir sind nicht frei, weil wir bei vielen Dingen nicht wissen, *wie* wir sie tun sollen. Es lohnt sich, darüber nachzudenken, dass unsere Freiheit nicht selbstverständlich, sondern eine Errungenschaft ist, die wir ständig erneuern und pflegen müssen – damit wir uns nicht von dem mitreißen lassen, was um uns herum geschieht.

Auch wenn es eine große Herausforderung ist, gibt es Dinge, die wir tun können, um uns von all diesen Ketten zu befreien oder sie zumindest zu erleichtern. Ein Beispiel: Es passiert uns allen, dass wir von anderen beeinflusst werden, manchmal so sehr, dass wir Dinge sagen oder tun, nur um jemandem zu gefallen und seine Zustimmung zu bekommen. Dinge, die wir nicht so meinen oder nicht für richtig halten. In solchen Fällen würde es genügen, auch mal Nein zu sagen: »Ich glaube nicht!« oder: »Ich denke, das sollte man nicht tun!« Das kann schwierig sein, aber manchmal ist es wirklich befreiend!

WOZU IST EIGENTLICH POLITIK DA?

Viele Menschen sagen, dass Politik sie nicht interessiert und dass sie nichts darüber wissen wollen. Dabei ist Politik etwas, was jeden von uns unmittelbar betrifft. Kannst du dir vorstellen, warum?

Die Auswirkungen politischer Entscheidungen, die in einer Demokratie von den gewählten Abgeordneten getroffen werden, sind überall um uns herum und damit allgegenwärtig. Du siehst sie in öffentlichen Räumen und bei Dienstleistungen: in der Art und Weise, wie Parks verwaltet und gepflegt werden, im Vorhandensein oder Fehlen von Radwegen, in den Ressourcen, die für Schulen oder Krankenhäuser zur Verfügung stehen, und so weiter.

Politik sollte die Kunst sein, das Vorhandene gut zu verwalten und sinnvolle Dinge zu planen und zu realisieren. Doch die Menschen haben oft unterschiedliche (und sogar gegensätzliche!) Vorstellungen davon, was sinnvoll, wünschenswert und richtig ist. Deshalb spaltet die Politik oft die Gemüter. Im Fernsehen und in den sozialen Medien werden Konfrontationen groß geschrieben, weil sie die Aufmerksamkeit auf sich ziehen. Du hast bestimmt schon gesehen, wie Politikerinnen und Politiker aufeinander einreden und sich gegenseitig beschuldigen, ohne dass sie bereit sind, einander zuzuhören.

Wie soll man sich also entscheiden? Das ist eine wichtige Frage, zu der Platon (ca. 428–348 v. Chr.) sagte: Während die Technik vorgibt, wie etwas gemacht wird, entscheidet die Politik, ob und warum es gemacht werden soll. Die Demokratie basiert auf Entscheidungen, die mit der Mehrheit getroffen werden, wobei Minderheiten respektiert werden und die Regierung in regelmäßigen Abständen neu gewählt wird. Das ist sicherlich der Tyrannei vorzuziehen, bei der eine Person die gesamte Entscheidungsgewalt innehat!

Laut der deutschen Philosophin Hannah Arendt (1906–1975) entsteht Politik, weil es nicht nur einen oder zwei Menschen auf der Welt gibt, sondern eine Vielzahl von Menschen mit unterschiedlichen Perspektiven, Wünschen und Interessen. Im politischen Raum werden all diese unterschiedlichen Per-

spektiven sichtbar: Wo sich nur ein Standpunkt durchsetzt, gibt es eigentlich keine Politik, denn die Politik legitimiert unterschiedliche Meinungen und kümmert sich um sie. Indem sie viele Sichtweisen auf die Welt zusammenbringt, stößt die Politik etwas Neues an. Über die Vorzüge und Mängel des Bestehenden zu sprechen ist nur der erste Schritt, um sich vorzustellen, was noch nicht da ist und was man gerne erreichen würde: Niemand kann es alleine schaffen, und es ist besser, es *mit* anderen zu tun als *gegen* andere.

Es gibt gute Modelle dafür: zum Beispiel, wenn verschiedene Parteien zusammenarbeiten, um Verfassungen und Gesetze zu entwickeln, die eine neue Ära für das Land einleiten und die Lebensbedingungen aller verbessern.

Für den Versuch, wenigstens einige der Probleme dieser Welt zu lösen, reicht es jedoch nicht aus, sich nur vorzustellen, wie man die Dinge verbessern könnte: Wie zwischen dem Sagen und dem Tun liegt auch zwischen dem Vorstellen und dem Tun ein Meer. Die Politik ist nichts weiter als das Schiff, das wir brauchen, um es zu überqueren.

WEISST DU WIRKLICH, WAS DU WILLST?

Du bist dabei, etwas zu kaufen, was dir total schmeckt, aber alles andere als gesund ist, wie zum Beispiel eine Schokolade oder einen Hamburger. Du kannst es kaum erwarten, hineinzubeißen, aber du weißt, dass diese Dinge schlecht für dich sind. Also willst du es und willst es eigentlich auch nicht. Ist so was denn überhaupt möglich?

Wenn du mit anderen unterwegs bist, kann es passieren, dass jemand etwas tun will und jemand anderes nicht. Je nach Situation ist es mehr oder weniger einfach, sich zu einigen: Es hängt davon ab, ob jemand bereit ist, seine Meinung zu ändern oder sich dem anzuschließen, was die anderen wollen.

Dass verschiedene Menschen unterschiedliche Dinge wollen, ist nicht überraschend. Es kann aber vorkommen, dass ein und dieselbe Person in einen Konflikt gerät, weil sie das Gefühl hat, dass sie einerseits das Gleiche will und anderseits doch nicht will. Manchmal will man auch etwas kaufen und will es nicht, oder etwas zu jemandem sagen oder irgendwohin gehen. Das Schwierige ist zu erklären, warum das passiert.

Der heilige Augustinus (354–430) sagte, dass es sich um ein *monstrum* handelt, also nach damaligem Verständnis um eine wundersame und paradoxe Sache, die einen sprachlos macht. Eine Erklärung bestand darin, zwischen Körper und Geist zu unterscheiden, so als gäbe es im Menschen zwei Motoren des Willens, die uns in verschiedene Richtungen antreiben können. Man könnte also sagen: Wenn der Körper auf das momentane Vergnügen, Chips zu essen, drängt, kommt auch der Geist ins Spiel, der sich aber zurückhält, weil er weiß, dass Chips schlecht für dich sind.

Augustinus betrachtet jedoch den schwierigeren Fall, in dem der Konflikt zwischen den beiden Willen ausschließlich im Geist zu liegen scheint: wenn

eine Person sich mit voller Überzeugung etwas vornimmt, eine Verpflichtung eingeht und dann das Versprechen nicht einhält. In diesem Fall ist es so, als ob der Verstand ausgeschaltet wird, obwohl er in der Lage ist, dem Körper Befehle zu erteilen. Wenn du verstehst, was in solchen Fällen passiert, kannst du dich selbst besser einschätzen und vermeiden, dass du wie gelähmt vor Entscheidungen stehst.

Und so erklärt es der heilige Augustinus: Manchmal ist unser Wille blockiert, und der Antrieb hat keine Wirkung, weil wir das, was wir wollen, nicht wirklich mit unserem ganzen Wesen wollen. Das passiert, weil es einen Teil des Willens gibt, der in die eine Richtung drängt, und einen anderen Teil, der sich dagegen wehrt und ihn zurückhält. Angenommen, du hast dir vorgenommen, dich mehr zu bewegen oder weniger Zeit mit deinem Smartphone zu verbringen. Diesen Vorsätzen liegt ein »neuer Wille« zugrunde, der Wille, etwas an deinen Gewohnheiten zu ändern. Er könnte jedoch von deinem »alten Willen« zurückgehalten werden, weil er das, was du vorher getan hast, viel bequemer und angenehmer fand. Zwischen den beiden Willen, dem »alten« und dem »neuen«, entsteht also eine Art Konflikt, der nur dann positiv gelöst wird, wenn es einem Menschen gelingt, das, was er sagt, wirklich mit ganzem Herzen zu wollen. Gelingt es ihm, das zu wollen, was für ihn selbst und für andere das Beste ist, dann war dieser Konflikt produktiv!

WARUM GIBT ES MODEN?

Wenn du vor 30 Jahren an einem Pausenhof vorbeigelaufen wärest, hättest du Kinder gesehen, die ganz anders gekleidet waren als heute. Sie hörten andere Musik und verbrachten ihre Zeit auf ganz andere Weise. In 30 Jahren werden viele Dinge, die deine Altersgenossen heute tragen und tun, auch niemanden mehr interessieren. Warum ist das so?

Wenn von Mode die Rede ist, wird in der Regel das Verb »folgen« verwendet: Moden werden tatsächlich befolgt. Dasselbe Verb wird auch in anderen Ausdrücken verwendet, zum Beispiel »den Anweisungen folgen«, um anzugeben, wie eine bestimmte Aufgabe zu erledigen ist, oder »einem Weg folgen«. Es geht darum, sich so zu verhalten, wie andere es tun und vorschlagen, es zu tun.

Der deutsche Philosoph Georg Simmel (1858–1918) analysierte das Phänomen der Mode als das Bedürfnis, sich an andere anzupassen. Nachahmung gibt Sicherheit, denn wer andere nachahmt, hat das Gefühl, eher akzeptiert zu werden, und ist gleichzeitig zumindest teilweise von der Last befreit, selbst einfache Dinge wie die Wahl der Kleidung entscheiden zu müssen.

Simmel hatte jedoch bemerkt, dass die Mode noch mehr zu bieten hat, etwas, das über die bloße Nachahmung hinausgeht. Der Mode zu folgen befriedigt eigentlich zwei Bedürfnisse, die auf den ersten Blick gegensätzlich erscheinen: einerseits das Bedürfnis, sich anderen anzupassen, und andererseits das Bedürfnis, sich von anderen abzuheben. Wie kann Mode diese beiden Bedürfnisse befriedigen? Die Antwort ist einfach, aber die Folgen sind nicht immer offensichtlich.

Wer einer Mode folgt, passt sich der Gruppe jener an, die ihrerseits dieser Mode folgen, hebt sich damit aber von jenen ab, die sich nicht anpassen: weil sie entweder nicht wollen oder kein Interesse daran haben oder weil sie es sich schlicht nicht leisten können. Als Gruppe einer Mode zu folgen, kann den Zusammenhalt der Mitglieder fördern. Das ist ein wichtiger Aspekt,

denn die Kehrseite der Medaille ist die Ausgrenzung derjenigen, die nicht der Gruppenmeinung folgen und deshalb nicht als »eine oder einer von uns« erscheinen. Es kann sogar passieren, dass sich einige, nur weil sie einer Mode folgen, denen überlegen fühlen, die ihr nicht folgen.

Dass jemand ausgegrenzt oder sogar verspottet wurde, weil er oder sie ein bestimmtes Kleidungsstück nicht besaß, hast du bestimmt schon einmal erlebt. Glücklicherweise ist man nie allein, wenn man einer Mode nicht folgt: Da Mode das Bedürfnis befriedigen muss, sich von anderen zu unterscheiden, würde sie aufhören zu existieren, wenn alle ihr folgen würden, denn dann könnte sich niemand mehr von anderen unterscheiden.

Jede Mode ändert sich also, *bevor* sie von allen befolgt wird: Irgendwann beginnt eine Minderheit, einer neuen Mode zu folgen, während andere weiterhin der alten folgen und wieder andere sich davon distanzieren. Wer einer Mode folgt, fühlt sich nicht allein, aber das sollten auch diejenigen nicht, die ihr nicht folgen, denn schließlich ist keine Mode für immer und für alle.

WIE ENTSTEHT EINE GESELLSCHAFT?

Ameisen und Bienen gelten als soziale Insekten. Auch Menschen leben in Gemeinschaften und können daher als soziale Tiere bezeichnet werden. Aber waren sie das schon immer? Und sind sie es genauso wie Ameisen und Bienen?

Hat schon mal jemand von einer Revolution gehört, bei der Ameisen und Bienen ihre Königin absetzen, um die Monarchie zu beenden und eine Demokratie einzuführen? Ich glaube nicht, aber vielleicht liege ich ja falsch. Aber wir können sicher sein, dass die Menschen im Laufe der Geschichte viele verschiedene Möglichkeiten entwickelt haben, um sich in einer Gesellschaft zu organisieren. Wir haben nicht genug Unterlagen, um zu verstehen, was in der Vorgeschichte wirklich geschah und wie es in den Anfängen war. Welche Motive könnten die Menschen dazu gebracht haben, sich zusammenzutun und Lebensräume, Gewohnheiten, Entscheidungen und Pläne zu teilen? Es gibt viele große Denker, die uns dabei helfen können. Einer von ihnen ist der römische Philosoph Lukrez (1. Jh. v. Chr.), der ein großes Gedicht mit dem Titel *Über die Natur* verfasst hat. Ihm zufolge gab es eine Zeit, in der die Menschen mehr oder weniger wie die anderen Tiere lebten, ihren Durst mit Wasser aus Bächen löschten und jagten oder sammelten, was sie an Essbarem fanden. Ihr Leben muss hart und einsam gewesen sein, bis sie lernten, Feuer zu machen, Pflanzen zu kultivieren, Felle zu verarbeiten, Kleidung herzustellen und Hütten zu bauen. Nachdem sie in der Lage waren, all diese Dinge zu tun, begannen Eltern und Kinder dauerhaft zusammenzuleben, und Familien, die sich nahestanden, fingen an, Freundschaften zu schließen.

Aber was trieb die Menschen dazu, in Gruppen zu leben und vor allem immer größere Gruppen zu bilden? Einige Philosophen weisen darauf hin, dass ein einzelnes Individuum allein nicht über genügend Kraft oder Kapazität verfügt, um alle seine Bedürfnisse zu befriedigen: Die Tendenz, sich mit anderen zusammenzuschließen, entspringt also dem Bedürfnis, gemeinsam stark zu werden. In einer Gruppe lassen sich erfahrungsgemäß Gefahren und Ängste besser bewältigen (man denke an Raubtiere oder die Gewalt der Natur, die sich in Stürmen oder Erdbeben äußert). Der Philosoph Aristoteles (384-322 v. Chr.) argumentierte, dass nur ein Tier oder ein Gott ohne ein Leben in einer Gemeinschaft auskommen kann: Wenn das der Fall ist, ist die Gesellschaft der natürliche Zustand des Menschen.

Lukrez zufolge genügten manchmal schon kleine Gesten, um wichtige Veränderungen herbeizuführen: Die Zärtlichkeiten der Kinder milderten zum Beispiel nach und nach die harte Natur ihrer Eltern, sodass sie eher bereit waren, freundliche und respektvolle Beziehungen zu den Menschen zu pflegen. Das Bedürfnis, sich mitzuteilen, wuchs mit der Nähe und veranlasste die Mitglieder jeder Gruppe dazu, Laute immer besser zu Wörtern zu kombinieren: So nahm die verbale Sprache Schritt für Schritt Gestalt an.

Natürlich fehlte es auch nicht an Konflikten, sowohl innerhalb als auch zwischen den Gruppen. Der Wechsel zwischen friedlichem Zusammenleben und Streitereien machte die Suche nach neuen Wegen des Zusammenseins und der Verbundenheit mit den anderen notwendig. So entstanden die Gesetze, und die Menschen, die für ihre Durchsetzung zuständig waren, übernahmen Verantwortung.

An diesem Punkt haben wir jedoch bereits die Grenze zwischen Vorgeschichte und Geschichte überschritten: Das Puzzle unserer Vergangenheit wird unvollständig bleiben, aber nach Lukrez' Beispiel können wir versuchen, einige der fehlenden Teile zusammenzusetzen, sie zu denken und uns vorzustellen.

WAS UNTERSCHEIDET UNS VON DEN TIEREN?

Wenn ein Außerirdischer auf die Erde käme, welche Unterschiede würde er zwischen uns und den Tieren erkennen? Würde er feststellen, dass es Dinge gibt, die uns von allen anderen Lebewesen unterscheiden, selbst von so unterschiedlichen Tieren wie einer Libelle, einem Papagei, einer Katze oder einem Hund?

Schon in der Antike haben viele große Denker den Menschen definiert, indem sie ihm einige besondere Eigenschaften zugeordnet haben, die ihn von den Tieren unterscheiden: Aristoteles (384–322 v. Chr.) zum Beispiel schrieb, dass wir das soziale Tier schlechthin sind, das mit Vernunft begabte Tier und dasjenige, das am meisten zur Nachahmung neigt. Andere sagen, dass wir ein symbolisches Tier sind, das viele Zeichen verwenden kann, die die unterschiedlichsten Dinge bedeuten können.

Nach Ansicht des deutschen Philosophen Arnold Gehlen (1904–1976) stellt der Mensch ein »besonderes biologisches Problem« dar, weil er sich nicht wie andere Tiere von Instinkten leiten lässt. Sein Verhalten ist daher sehr viel variabler. Er ist eher geneigt, Neues zu lernen und die Welt um ihn herum und auch sich selbst zu verändern, dank der Art und Weise, wie er die Werkzeuge benutzt, die ihm zur Verfügung stehen. Dies ermöglicht es ihm unter anderem, sich an verschiedene Umgebungen anzupassen.

Natürlich gibt es auch andere Tiere, die ihre Umgebung verändern, um darin zu leben: Denk mal an Ameisenhaufen, Termitennester oder Biberdämme. Der Mensch jedoch verändert seine Umwelt auf eine viel tiefgreifendere und vielfältigere Weise.

Unsere Spezies zeichnet sich also durch die Fähigkeit aus, spezielle Werkzeuge zu konstruieren, die unsere körperlichen Defizite ausgleichen: Wir haben keine Krallen, aber wir haben scharfe Steine gesammelt und daraus Speere und Pfeile gebaut; wir haben kein schützendes Fell, das mit dem anderer Säugetiere vergleichbar ist, aber wir haben die Kunst des Webens erfunden und stellen unsere eigene Kleidung her; wir haben keine Flügel, aber wir haben Flugzeuge gebaut, mit denen wir schneller als jeder Vogel fliegen können, und Raketen und Raummodule ins All geschickt, weit über die Höhen hinaus, die Vögel erreichen können.

Wenn man all dies berücksichtigt, könnten wir uns als »technische Tiere« bezeichnen, denn seit prähistorischen Zeiten haben wir unsere Handlungsmöglichkeiten und unsere Umwelt mithilfe von Technologie komplett verändert.

Instinkte treiben Tiere dazu an, starr auf Reize zu reagieren. Da wir – anders als die anderen Tiere – nicht von Instinkten bestimmt werden, können wir uns unzählige Möglichkeiten ausdenken, Dinge zu tun, aber wir brauchen dazu auch Bildung und Institutionen. All dies hat jedoch seinen Preis: Unsere Kreativität macht jedes Ergebnis unbeständig und die Anwendungen und Auswirkungen dessen, was wir konstruieren können, unvorhersehbar. Daher mussten wir von Anfang an Techniken zur Regulierung unseres Verhaltens erfinden, wie Bildung, Gesetze und Politik. Stell dir vor, was passieren würde, wenn es auf einmal keine Schulen, keine Gesetze und keine Regierungen mehr gäbe. Das Verhalten unserer Mitmenschen wäre für uns wahrscheinlich unberechenbarer als das anderer Tiere, die sich weiterhin von ihren eigenen Instinkten leiten lassen würden.

Paradoxerweise ist unser Zustand instabiler als der aller anderen Tiere, obwohl wir die kreativsten sind, wenn es darum geht, Wege zu unserer Stabilisierung zu finden.

WARUM VERLIEBEN WIR UNS?

In einem berühmten Vers aus Dante Alighieris (1265–1321) *Göttlicher Komödie* heisst es über die Liebe: »Amor, der keinem Geliebten das Lieben erlässt«. Was soll das bedeuten? Dass die Kraft der Liebe so groß ist, dass sie jedem, der intensiv geliebt wird, die Kraft gibt, die Liebe zu erwidern. Ist das wirklich so?

Der Athener Philosoph Platon (ca. 428–348 v. Chr.) ist einer der einflussreichsten Denker in der gesamten Geschichte der Philosophie. In einer seiner berühmtesten Schriften inszeniert er ein Gespräch über die Liebe, in dem er verschiedene Standpunkte über die Natur dieses Gefühls äußert.

Warum verliebt man sich, ohne dass man entscheiden kann, wie und wann? Woher kommt die Empfindung für jemanden? Bei dem Versuch, diese Fragen zu beantworten, erzählt einer der Protagonisten des Dialogs, dass es in einer sehr fernen Vergangenheit Kreaturen gab, die uns ähnlich waren, aber einen doppelt so großen Körper wie wir hatten, mit vier Armen, vier Beinen, vier Ohren und zwei Gesichtern auf nur einem Kopf. Aus Angst vor ihrer Kraft spaltete Zeus, der mächtigste Gott der griechischen Götterwelt, sie in zwei Hälften. So sind dem Mythos zufolge die heutigen Männer und Frauen entstanden: Sie sind das Ergebnis dieser Teilung und jeweils nur die Hälfte einer Form, die ursprünglich zusammengehörte. Die Anziehungskraft, die Verliebte verspüren, entspringt daher dem Wunsch, ein Ganzes wiederherzustellen, indem sie ihre eigene Hälfte finden. Wenn das Verliebtsein nicht immer auf Gegenseitigkeit beruht, liegt das vielleicht daran, dass nicht alle Hälften einander erkennen.

In Platons Dialog finden wir auch einen anderen seltsamen Mythos, der von der Geburt des Liebesgottes handelt, den die Griechen Eros (und die Römer Amor) nannten: Er war kein Gott im eigentlichen Sinne, sondern ein Zwischenwesen zwischen menschlich und göttlich. Seine Eltern sind Penia, was Armut bedeutet, und Poros, was sich auf Einfallsreichtum und Reichtum bezieht. Eros

hat also eine zweideutige Natur, er ist arm und reich zugleich. Deshalb kann der Kontakt mit der Liebe verzaubern, Wohlbefinden schenken und das Leben mit neuen Ideen und Initiativen füllen, umgekehrt aber auch ängstlich machen, Energie absorbieren und zu Zweifeln und negativen Gedanken führen.

Nachdem er in seinem Dialog zahlreiche Ideen über die Liebe durchgespielt hat, lässt Platon seinen Lehrer Sokrates den aus seiner Sicht wichtigsten Standpunkt darlegen: Der Kontakt mit der Liebe und der Schönheit macht uns zu anderen und besseren Menschen, weil er uns befähigt, das Beste in uns selbst hervorzubringen. Wenn wir uns verlieben, so der Philosoph, müssen wir jedoch bedenken, dass die gegenseitige Anziehungskraft durch die Schönheit des Körpers der geliebten Person nur eine Stufe des Prozesses ist, oft die erste: Um von Liebe in einem umfassenderen Sinne sprechen zu können, müssen wir nach Qualitäten und Ebenen der Realität suchen, die tiefer liegen als der körperliche Aspekt und die weniger der Veränderung und dem Lauf der Zeit unterliegen.

Stell dir ein junges Paar vor, das sich vor allem wegen des Aussehens ineinander verliebt hat. Nach zehn Jahren, nach dreißig, nach fünfzig werden sich ihre Körper unweigerlich verändert haben: Angenommen, sie empfinden sich beide als weniger schön, wird ihre Liebe dann schwächer und endet? Laut Platon ist das nicht der Fall, denn es stimmt zwar, dass körperliche Attraktivität eine wichtige Rolle dabei spielt, den Funken zu entfachen, aber das Feuer der Liebe wird auch von anderen Formen der Schönheit genährt, die es alle zu entdecken gilt.

WIE ENTSTEHT KUNST?

In einigen Höhlen wurden Malereien aus prähistorischer Zeit gefunden. Wer hat sie geschaffen? Was ermöglichte diese kreative Leistung, zu der anscheinend nur Menschen fähig sind?

Die Höhlen von Altamira und Lascaux in Spanien resp. Frankreich sind weltberühmt für ihre beeindruckenden Malereien, die aus der Zeit vor etwa 20.000 bis 15.000 Jahren stammen. Die Bilder in Farben, die zwischen Rot, Ocker und Schwarz variieren, zeigen hauptsächlich Tiere: Bisons, Pferde und Hirsche. Obwohl sie uralt sind, waren sie nicht die ersten »Kunstwerke«, die entstanden. Man hat zum Beispiel auch kleine Stein- und Knochenskulpturen gefunden, die vor 40.000 bis 30.000 Jahren erschaffen wurden. Aus irgendeinem Grund verspürten Menschen irgendwann das Bedürfnis, Knochen und Steine in Figuren zu verwandeln, die damit in ihren Augen einen besonderen Wert bekamen: Ein Stein, der den Körper einer Frau darstellt, oder eine bemalte Wand sind ganz andere Objekte als ein einfacher Stein oder eine beliebige Felsoberfläche.

Was motivierte diese frühen Künstler? Warum schufen sie diese Werke, die so eindrucksvoll sind, dass sie uns noch Tausende von Jahren später in Erstaunen versetzen?

Einer derjenigen, die versucht haben, diese Fragen zu beantworten, ist der Philosoph und Architekt Leon Battista Alberti (1404–1472). Bevor du seine Hypothese kennenlernst, überlege, ob du schon jemals den Umriss eines Tieres oder eines Menschen in Form einer Wolke gesehen hast. Der Fachbe-

griff für dieses Wahrnehmungsphänomen lautet »Pareidolie«. Albertis Theorie war, dass der erste Schritt zu prähistorischen Skulpturen und Gemälden getan war, als unsere Vorfahren in der Lage waren, bestimmte Formen wie menschliche Körper oder Tiere in Baumstämmen, Erdklumpen oder Steinen zu erkennen.

Der zweite Schritt war dann der wirklich entscheidende: Menschen benutzten ihre Hände, um den Stein möglichst ähnlich der Form zu gestalten, die sie in der Natur gesehen hatten. Dabei fügten sie Details hinzu oder ließen nach ihrer Meinung überflüssige Teile weg. Und so entstand die erste Skulptur. Beim Betrachten des Ergebnisses empfanden diese ersten Künstlerinnen und Künstler Freude. Die Befriedigung war so groß, dass sie immer wieder neue Versuche unternahmen und mit verschiedenen Techniken experimentierten.

Man vermutet, dass die ersten Zeichnungen dadurch entstanden, dass man die Umrisse der Schatten der Körper festhielt, wie man es zum Beispiel mit Holzkohle machen kann. Fallen dir noch andere »Tricks« ein?

Und welchen Stellenwert maßen diese kreativen Menschen und ihr Publikum den so entstandenen Kunstwerken bei? Das sind große und spannende Fragen. Sicher ist jedoch, dass der Mensch, während er die Objekte um sich herum gestaltete, auch seine Zukunft gestaltete.

GIBT ES EINE SEELE?

Von den stofflichen Dingen, die uns umgeben, behaupten wir nicht, dass sie denken und fühlen können. Unser Körper besteht von Kopf bis Fuß ebenfalls aus Materie. Woher kommen dann die Gedanken, Gefühle und Wünsche?

Schon in der Antike gab es Denkerinnen und Denker, die es für unmöglich hielten, alles an uns Menschen allein aus der Materie zu erklären, aus der wir bestehen. Der große athenische Philosoph Platon (um 428–348 v. Chr.) gehörte zu denen, die das Wort »Seele« für unser innerstes Wesen benutzten. Die Botschaft, die uns durch seine Schriften erreicht, lässt sich wie folgt zusammenfassen: »Verwechsle nicht dich selbst mit deinem Körper. Du bist etwas anderes!« Da man die Seele nicht sehen oder anfassen kann wie den Körper, müssen diejenigen, die an ihre Existenz glauben, jedoch gut erklären, wovon sie sprechen: Was ist die Seele wirklich? Woher kommt sie? Welche Kräfte hat sie und wie übt sie ihre Tätigkeit aus? Ist sie sterblich oder unsterblich?

Auf diese Fragen gibt es sehr unterschiedliche, manchmal sogar gegensätzliche Antworten. Nach Platon zum Beispiel ist die menschliche Seele immateriell und unsterblich, während andere Philosophinnen und Philosophen argumentiert haben, dass sie ebenso sterblich ist wie der Körper: weil auch die Seele körperlich ist und aus sehr dünnen und sehr beweglichen Atomen besteht.

Platon geht noch weiter und sagt, dass die Seele nicht nur nach dem Tod weiterlebt, sondern dass sie sogar schon vor der Geburt existierte. Als ob sie sich auf einer sehr langen Reise befände, die nicht mit dem Leben des Körpers, der sie beherbergt, beginnt oder endet.

In einem seiner Werke behauptet Platon, dass die Seele in drei Teile geteilt ist: Der wichtigste und edelste Teil ist der rationale Teil, der fähig ist, das Gute und das Böse zu erkennen und voneinander zu unterscheiden. Außerdem gibt es einen stolzen und ungestümen Teil, der hilft, wenn Kraft und Mut benötigt werden. Und schließlich gibt es einen niederen und vulgären Teil, der nur nach Vergnügen sucht und seine Begierden befriedigen will, selbst die ungehörigen und tierischen.

Diese Dreiteilung dient laut Platon dazu, die inneren Konflikte der Seele zu erklären. Vermutlich warst du auch schon mit einigen von ihnen konfrontiert. Hast du dir schon einmal etwas gewünscht und dich gleichzeitig dagegen gewehrt, weil du es unbequem oder übertrieben fandest? Hast du schon einmal bei etwas nachgegeben, bei dem du nicht nachgeben wolltest? Hast du schon einmal auf eine bestimmte Art und Weise gehandelt und es dann bereut oder dich geärgert, dass du es getan hast? Diese Konflikte entstehen – so Platon –, wenn der untere Teil in eine Richtung zieht und der obere Teil sich dagegen wehrt und auf die bessere Entscheidung drängt. Der antike

Philosoph schrieb der Seele die Fähigkeit zu, Ideen und die wahre Natur der Dinge zu erkennen, die über die Wahrnehmungen des Körpers hinausgehen; denn diese sind immer unsicher und von Mensch zu Mensch unterschiedlich. Damit führte er eine tiefgreifende Unterscheidung zwischen Seele und Körper ein, die in den folgenden Jahrhunderten großen Erfolg haben sollte und das Christentum und die westliche Kultur prägte.

Die große Verbreitung einer Idee reicht jedoch nicht aus, um ihre Wahrheit zu beweisen. Die Seele, von der Platon spricht, kann man auch als seine Erfindung betrachten. Als eine Hypothese, die geboren wurde, um Phänomene zu erklären, die letztlich von einem Körper, unserem eigenen nämlich, und seiner Beziehung zur Welt um uns herum herrühren. Wer sagt, dass es eine Seele geben muss, nur weil wir einen Körper haben?

WIE IST DIE SPRACHE ENTSTANDEN?

Die großen Wörterbücher von Sprachen wie Deutsch, Englisch oder Italienisch enthalten Zehntausende Wörter. Aber es muss eine Zeit gegeben haben, in der es in keiner Sprache irgendwelche Wörter gab. Wer waren die Menschen, die die ersten Wörter gesprochen und verstanden haben? Was trieb sie dazu?

Die Kommunikation mittels Geräuschen ist nicht nur ein Privileg des Menschen. Auch Tiere tun das: Wer einen Hund oder eine Katze hat, wird schnell feststellen, dass es verschiedene Arten des Bellens und Miauens gibt und dass die Töne und der Klang nicht zufällig variieren.

Die menschliche Sprache ist jedoch einzigartig in der Vielfalt der Laute und Wortkombinationen. Außerdem – und das ist wirklich außergewöhnlich – ermöglicht sie es uns, über Dinge zu sprechen, die räumlich und zeitlich sehr weit von uns entfernt sind: Wenn wir »Elefant«, »Pizza«, »Dschungel«, »Ozean«, »Paris«, »Julius Cäsar« sagen, verstehen wir uns sogar, wenn wir die Dinge, über die wir sprechen, nicht sehen. Natürlich sind Missverständnisse immer möglich, denn nicht jeder Mensch hat die gleichen Erfahrungen und Kenntnisse über die Dinge, von denen er spricht. Zudem verwenden wir manchmal Wörter, die sich auf Dinge beziehen, die in der realen Welt gar nicht existieren (wie imaginäre Orte oder Personen), oder auf Dinge, über deren Existenz sich nicht alle einig sind (wie die Seele oder Gott). Woher kommt also diese Fähigkeit, nicht nur das mitzuteilen, was wir vor Augen haben und worauf wir mit dem Finger zeigen können, sondern auch das, was »nicht da« ist?

Bei dem Versuch, diese Frage zu beantworten, stellte der deutsche Philosoph Friedrich Hegel (1770–1831) zunächst fest, dass sich unsere Wörter nicht nur auf Dinge außerhalb von uns beziehen, sondern auch auf Bilder von Dingen, die wir in unserem Gedächtnis speichern.

Überleg mal: Du kannst Wörter wie »Tisch« und »Buch« verwenden, weil du den Tisch und das Buch, die du vor dir siehst, mit Bildern anderer Tische und Bücher in Verbindung bringen kannst, die du schon gesehen hast und an die du dich erinnerst – wobei sie nicht unbedingt identisch sein müssen, aber einander zumindest ähneln.

Wie wurden dann die ersten Wörter geboren? Laut Hegel war es das Gedächtnis, das sie unter dem Einfluss praktischer Bedürfnisse hervorbrachte, indem es Laute mit den Bildern verband, die es in sich trug: Dank der Wörter war es möglich, Gegenstände zu benennen und sich anderen verständlich zu machen. Wenn wir das Wort »Tisch« lesen, werden unsere Erinnerungen auf ein uns allen gemeinsames Bild eingestimmt.

Zu Hegels Zeiten hielten die einen die Sprache für einen Instinkt, wie das Netz, das eine Spinne zu bauen versteht, ohne je gesehen zu haben, wie es von anderen gebaut wird. Die anderen glaubten, dass unsere Sprache das Ergebnis einer langen Reihe von Versuchen war, uns auszudrücken, und dass diese Versuche im Laufe der Zeit perfektioniert wurden: Es habe alles mit einigen ursprünglichen Assoziationen durch einfache Laute begonnen, die als Ausrufe aus dem Mund kamen oder wie das Lallen kleiner Kinder. Was auch immer geschah, die Geburt der Sprache veränderte schnell unsere Art, in der Welt zu leben, und unsere Möglichkeiten, zu interagieren, uns zu erinnern und uns etwas vorzustellen. Es war eine echte Revolution!

WARUM GIBT ES KRIEGE?

Die weltweiten Militärausgaben betragen jährlich Hunderte Milliarden Euro. Dafür gibt es immer raffiniertere Waffen, die ausdrücklich zum Töten entwickelt wurden. Warum wird einem Menschenleben so wenig Wert beigemessen, während eine Person, die auch nur ein Menschenleben rettet, oft als Held gefeiert wird?

Die Geschichtsbücher sind voll von Berichten über Kriege: Da ist zum Beispiel die Rede von Eroberungskriegen mit der Absicht, die Kontrolle über bestimmte Gebiete und deren Ressourcen zu haben. Von Religionskriegen wird berichtet, von Bürgerkriegen und Kriegen, die für die Freiheit oder zur Verteidigung anderer Menschenrechte geführt wurden. Das Thema ist leider heute wieder aktueller denn je und wird permanent in Zeitungen und im Internet diskutiert, wo man täglich Bilder von den Schrecken des Krieges sieht: von Städten, die in Schutt und Asche gelegt wurden, von Verletzten, von Toten, von Überlebenden, die den Tod ihrer Angehörigen betrauern.

Man fragt sich, ob es überhaupt eine Hoffnung auf friedlichere Zeiten gibt und ob es neben den besonderen Ursachen eines jeden Krieges noch tiefere Motive gibt, die Menschen dazu bringen, sich zu hassen und zu bekämpfen.

Große Denkerinnen und Denker haben sich diese Fragen gestellt. Als Motive sehen sie Neid und Hass auf jene, die als Hindernis für die Durchsetzung der eigenen Ehre und Würde betrachtet werden; oder den Wunsch, mehr Macht zu haben und seine Überlegenheit gegenüber anderen zu zeigen. Auch Rivalität, gekoppelt mit dem Wunsch nach Rache und der Angst, selbst angegriffen zu werden, ist ein mögliches Motiv.

Nach Friedrich Hegel (1770–1831) töten Tiere, um sich zu ernähren und zu überleben, während Menschen töten, um ihre Überlegenheit zu beweisen. Zwischen dem Ersten und Zweiten Weltkrieg gab es einen Briefwechsel zwischen einem großen Wissenschaftler und einem berühmten Humanpsychologen. Der Wissenschaftler war Albert Einstein (1879-1955), und eines Tages beschloss

er, Sigmund Freud (1856–1939) zu schreiben und ihn zu fragen, ob es seiner Meinung nach einen Weg gäbe, die Menschheit von der Geißel des Krieges zu befreien. Freud nahm das Thema sehr umfassend auf und machte mit seinen Gedanken einen Schritt zurück in die Vergangenheit. Er sprach von der Zeit, in der unsere Vorfahren ihre Konflikte wie andere Tiere lösten: mit Muskelkraft. Mit der Erfindung der ersten Waffen begann neben der Muskelkraft auch die Intelligenz zu zählen, denn wer die besten Waffen bauen und die effektivsten Kampfstrategien entwerfen konnte, war im Vorteil. So ging man vom rein physischen Kampf zur eigentlichen Kriegsführung über, d. h. zu einer Reihe von organisierten und immer verheerenderen Auseinandersetzungen.

Es ist unbestritten, dass Kriege großes Leid verursachen, aber laut Freud gab es auch Männer, die Freude daran hatten, ihre Feinde zu übertreffen und umzubringen. Diese Befriedigung schürte den Drang zum Krieg. Freud ging sogar noch weiter und war überzeugt, dass dem Ganzen ein zerstörerischer Trieb zugrunde liegt, der den Menschen kennzeichnet und der nicht vollständig beseitigt werden kann. Man kann lediglich versuchen, diesen Trieb einzudämmen oder in andere Bahnen zu lenken.

Es gibt nicht viele Möglichkeiten, dies zu tun. Eine Emotion wie Angst kann Menschen dazu bringen, Kriege in Anbetracht der immer verheerenderen Auswirkungen zu vermeiden. Aber auch die Anhebung des kulturellen Niveaus möglichst vieler Menschen ist entscheidend, denn Bildung und Kultur helfen uns, Alternativen zur Gewalt zu finden und andere Perspektiven als die eigenen besser zu verstehen.

WAS BEWEGT UNS?

Es wird erzählt, dass der grausame Tyrann Alexander von Pherai (†358 v. Chr.) während einer Theateraufführung so bewegt war, dass er floh, um sich nicht in Tränen zu zeigen. Aber wenn er andere in den Tod schickte, berührte ihn das nicht. Ist diese Geschichte für dich glaubwürdig? Und was bedeutet sie?

Einst weinte ein Tyrann, der für seine Grausamkeit bekannt war, als er die Tragödie von Hekuba und Andromache hörte, die Geschichte zweier Frauen aus Troja, die von den Griechen versklavt worden waren, nachdem diese ihre Männer und Kinder getötet hatten.

Gibt es Filme, die dich berührt haben? Und gibt es welche, die dich so sehr erschreckt haben, dass du deine Augen geschlossen hast? Ich bin mir sicher, dass du auch beim Lesen schon ähnliche Emotionen empfunden hast und dir manche Geschichten den Atem verschlagen haben. Versuchen wir also zu verstehen, warum fiktionale Werke diese Wirkung auf uns haben können, obwohl wir wissen, dass das, was erzählt wird, nicht wirklich passiert; dass die Charaktere Fantasiegebilde sind und die Schauspielerinnen und Schauspieler nur eine Rolle spielen.

Der englische Dichter und Philosoph Samuel Coleridge (1875–1912) sagt, dass wir in solchen Fällen unseren Unglauben angesichts der seltsamsten Dinge für einen Moment aussetzen: dass wir also, wenn wir eine Geschichte lesen oder einen Film sehen, die beschriebenen und dargestellten Szenen

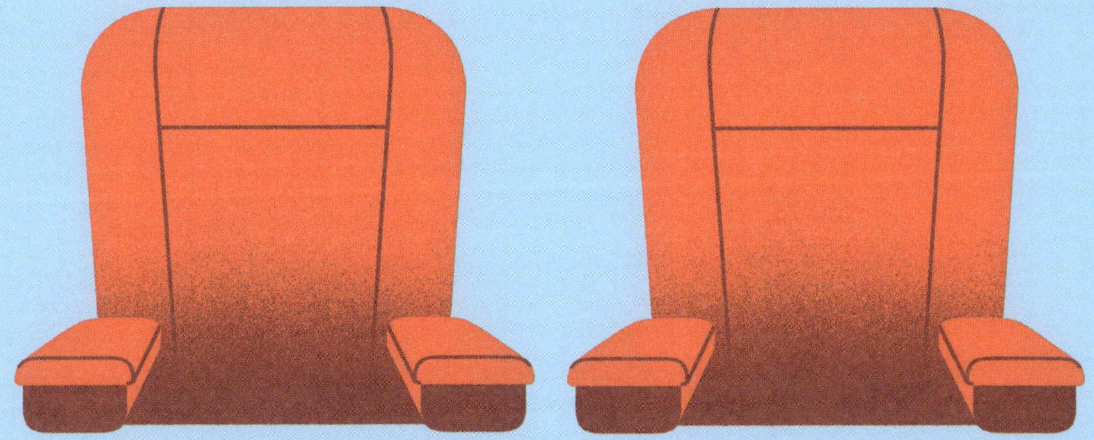

für real halten – als würden wir glauben, dass sie tatsächlich passieren, auch wenn wir es nicht wirklich glauben. So werden wir in die Geschichten hineingezogen, so wie Kinder es tun, wenn sie spielen und dabei in eine andere Rolle schlüpfen.

Auf diese Weise wirken die Geschichten auf unser Empfinden ein, die Worte der Protagonistinnen und Protagonisten und die Ereignisse bewegen uns. Aber das ist noch nicht alles: Manchmal denken wir darüber nach, was wir tun würden, wenn wir in ihrer Situation wären. Wenn das unbewusst passiert, ermöglicht uns die Fiktion in Romanen, Filmen und Theaterstücken, uns selbst und unsere Träume, Wünsche und Ängste auf ungewöhnliche Weise zu sehen, selbst wenn wir nicht darüber nachdenken.

Es ist schwer zu sagen, inwieweit das Aussetzen des Unglaubens eine Entscheidung ist, die wir bewusst treffen: Nicht alle Geschichten ziehen uns auf die gleiche Weise in ihren Bann, und in ein und derselben Geschichte durchleben wir mehr oder weniger intensive Momente der Beteiligung. Wenn die Verzauberung funktioniert, taucht unser Gehirn in die Fiktionen ein und sie scheinen realer zu werden als die Wirklichkeit.

GIBT ES FRAGEN, DIE SICH NICHT BEANTWORTEN LASSEN?

Als du ein Kind warst, wurden dir vermeintlich schwierige Fragen gestellt, die du heute leicht findest. Aber auch jetzt stößt du vielleicht auf schwierige oder sehr schwierige Fragen. Wie werden sie dir in Zukunft vorkommen? In zwanzig, in dreißig Jahren? Gibt es Fragen, die immer unmöglich zu beantworten sein werden?

In diesem Buch findest du Fragen, auf die große Denkerinnen und Denker im Laufe der Jahrhunderte unterschiedliche Antworten gegeben haben. Fakt ist, dass wir Fragen stellen können, auf die es unmöglich ist, Antworten zu finden, die alle überzeugen. Warum ist das so? Gibt es Fragen, die wirklich unmöglich zu beantworten sind? Oder ist es nur sehr schwierig, die richtige Antwort zu erkennen? Wenn auch du Zweifel hast, kannst du dem Beispiel des großen deutschen Philosophen Immanuel Kant (1724–1804) folgen und dich fragen: »Was kann ich wissen?« Das ist natürlich auch eine schwierige Frage, aber sie lädt uns dazu ein, zwischen den Dingen zu unterscheiden, die wir Menschen nie wissen können, und den Dingen, die wir eines Tages wissen können, indem wir neue Entdeckungen machen und aus dem lernen, was um uns herum geschieht.

Ist das Universum unendlich oder nicht? Laut Kant wird niemand jemals in der Lage sein, diese Frage zu beantworten, denn dazu müsste unser Verstand über die Grenzen aller möglichen Erfahrungen hinausgehen. Und so dreht sich das Denken ohne Halt im Kreis: wie die Pedale eines Fahrrads, die ohne Kette die Räder nicht in Bewegung setzen können. Kurz gesagt: Wir werden nie wissen, ob das Universum räumlich endlich oder unendlich ist oder ob es ewig ist oder zeitliche Grenzen hat. Wir werden auch nie wissen, ob materielle Körper aus einfachen, unteilbaren Teilen oder aus mehreren komplexen Teilen bestehen.

Laut Kant werden wir nicht einmal wissen, ob wir wirklich frei sind oder nicht, denn wie bei allen Naturphänomenen sind wir von den Ereignissen abhängig, die unseren Entscheidungen vorausgehen und sie begleiten. Und auch die Frage nach der Existenz Gottes werden wir nie beantworten können.

Wie immer stimmt nicht jedermann mit Kant überein. Andere haben versucht, die obigen Fragen zu beantworten, indem sie das direkt Erfahrbare mit Theorien und langwierigen Überlegungen verbanden. Stimmst du mit Kant überein? Welche anderen Dinge würdest du zu denen zählen, die wir nie wissen können? Vielleicht ist sogar die Frage, ob es unmögliche Fragen gibt, eine Frage, die wir nie beantworten können.

Ein anderer Philosoph, Ludwig Wittgenstein (1889–1951), erlaubt uns, die Frage aus einem anderen Blickwinkel zu betrachten. Ihm zufolge bereitet es uns Kopfschmerzen, wenn wir bestimmte Wörter auf einer anderen Ebene

als der ihres alltäglichen Gebrauchs betrachten: Das Wort »Gott« zum Beispiel bereitet denjenigen, die beten oder einen religiösen Text lesen, keine Probleme. Wer sich jedoch fragt, was Gott ist oder wie er wirklich ist, jenseits von dem, was über ihn gesagt wird, zermartert sich das Hirn. Wenn unsere Sprache diese Art von Fragen vermuten lässt, tappen wir in eine Falle. Uns wird vorgegaukelt, dass wir sie beantworten können, während wir, um sie zu beantworten, an einem Ort sein müssten, an dem wir nicht sein können: außerhalb von Zeit und Raum.

Es geht darum, mit Bescheidenheit anzuerkennen, dass unsere Sicht der Dinge und unsere Sprache Grenzen haben, über die wir nicht hinausgehen können.

WARUM SIND WIR NICHT IMMER VERNÜNFTIG?

Die Vernunft wurde schon mit einem Licht verglichen, das die Dunkelheit der Unwissenheit vertreiben kann. Aber steht dieses Licht wirklich allen Menschen zur Verfügung? Gibt es etwas, durch das es seine Leuchtkraft verlieren und vielleicht sogar erlöschen kann?

Wenn du nicht gerade großes Glück hattest, wirst du schon einmal auf unvernünftige Menschen gestoßen sein, die unlogisch handeln und stur an ihrem Standpunkt festhalten, ohne zu argumentieren. Man sagt, dass diese Menschen »keine Vernunft annehmen wollen«, dass sie »unvernünftig« sind, und so weiter.

Doch der große Philosoph Aristoteles (384–322 v. Chr.) sagte, dass wir rationale Tiere sind und dass wir mit *logos* ausgestattet sind, einem Begriff, der »Vernunft«, aber auch »Wort«, »Erzählung« und »Diskurs« bedeutet. Nimmt man die verschiedenen Bedeutungen dieses griechischen Wortes zusammen, könnte man sagen, dass wir Tiere sind, die in der Lage sind, Gedanken und Urteile in Worte zu fassen und sie zu begründen. Dank *logos* sind wir in der Lage, Bewertungen, Hypothesen und Berechnungen anzustellen, aber auch komplexe und vielfältige Verbindungen herzustellen, die anderen Lebewesen nicht möglich sind. Wir erzählen Geschichten, die einem logischen roten Faden folgen, wir erzählen von zeitlich weit entfernten Ereignissen, erinnern uns an Ereignisse aus der Vergangenheit und stellen uns andere vor, die in der Zukunft passieren könnten. Heißt das, dass wir alle vernünftig sind? Wir können sagen, dass wir vernünftig sind und damit die Möglichkeit haben, die Vernunft zu nutzen, aber das garantiert nicht, dass jeder sie

wirklich gut nutzt. Neben den Unterschieden zwischen den einzelnen Menschen gibt es auch Veränderungen in jedem von uns: Überlege mal, wann du einen klareren Kopf hast und besser denken kannst und wann du Worte und Gedanken nicht so gut verbinden kannst. Hattest du diese Gedanken schon einmal? Kannst du sagen, warum sie auftreten?

Aristoteles sagte, dass wir Begierden und Leidenschaften haben, die nicht der Vernunft folgen und die uns über Grenzen hinaus treiben, die nicht überschritten werden sollten. Der Wunsch, jemanden zu beeindrucken, kann einen Menschen zu Handlungen verleiten, die für ihn selbst und andere riskant sind. Die Vernunft sollte uns dazu bringen, die Extreme von zu viel und zu wenig in allen Fällen zu vermeiden, aber das gelingt ihr nicht immer. Wenn man also einerseits sagen kann, dass wir vernünftig sind, muss man anderseits sagen, dass wir uns bemühen müssen, um es wirklich zu werden. Es ist also sinnvoll, die Fähigkeit zu trainieren, die Aristoteles *logos* nannte, und eine gute Schule dafür ist eben die Philosophie.

FOLGT DIE NATUR MATHEMATISCHEN GESETZEN?

Wenn wir das Sonnensystem aus der Ferne betrachten könnten, würden wir sehen, dass die Planeten um die Sonne kreisen und eine perfekte Ellipse »zeichnen«. Wie kommt es, dass wir in der Natur geometrische Formen und Regelmäßigkeiten vorfinden?

Geometrische Formen in der Natur können wir mit einem Teleskop, Mikroskop oder dem bloßen Auge beobachten. Denke zum Beispiel an Sonnenblumen und die Kreise, um die deren Blütenblätter angeordnet sind, oder an die Iris und die Pupille unserer Augen, an die sechseckigen Zellen der Bienenwaben, an die spiralförmigen Muster auf den Panzern bestimmter Tiere oder an die Strudel von Wirbelstürmen oder Galaxien. Auch Symmetrien sind in der Natur zu beobachten: Wir sehen sie in den doppelten Teilen unseres Körpers wie Hände und Füße, bei Grashalmen und Blättern. Wenn du dich in einem Park oder in einem Wald umsiehst, findest du vermutlich weitere geometrische Formen und Symmetrien. Wie viele gibt es? Welche sind am häufigsten?

Der Universalgelehrte Galileo Galilei (1564–1642) leistete einen grundlegenden Beitrag zur Entdeckung der Regelmäßigkeiten in der Natur und der verborgenen Gesetze, die hinter den Bewegungen von Körpern stehen: Er stellte wichtige Beobachtungen an, zum Beispiel über die Schwingungen von Pendeln, aber auch darüber, wie unterschiedlich schwere Gegenstände zu Boden fallen und wie Kugeln auf schiefen Ebenen rollen. Diese Phänomene mögen uns heute sehr einfach erscheinen, doch als er sie beobachtete, erkannte Galilei Zusammenhänge, die er zuvor nie in Betracht gezogen hatte. Er verglich das gesamte Universum mit einem riesigen aufgeschlage-

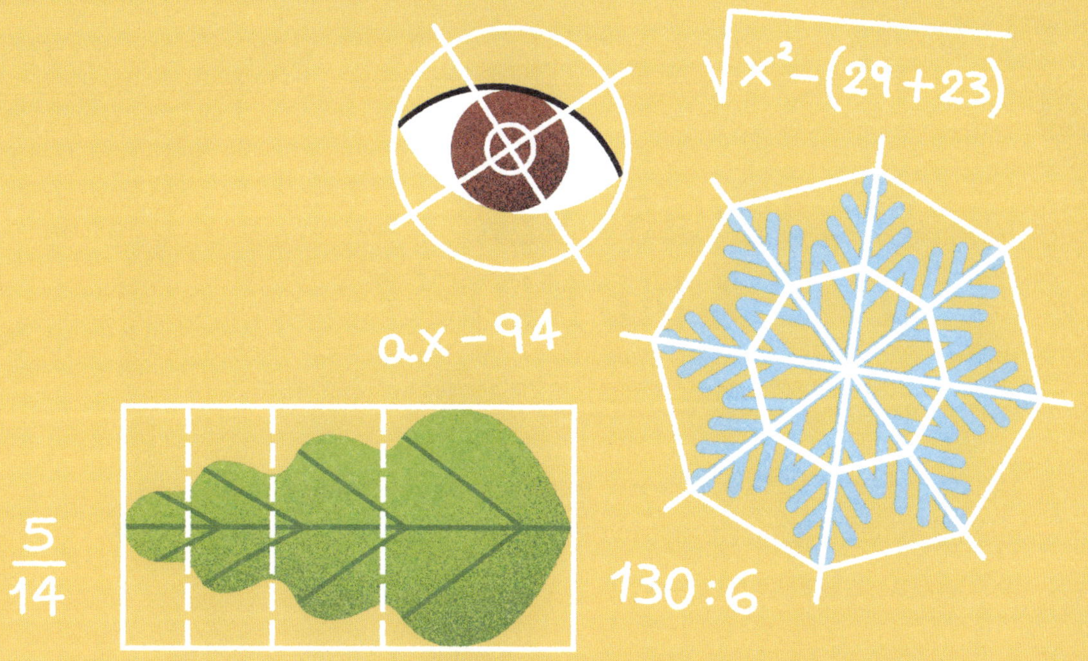

nen Buch, das nicht in Buchstaben, sondern in mathematischen Zeichen wie Kreisen, Dreiecken und anderen Figuren geschrieben ist. Folglich, so meinte er, kann die Natur nur von denen verstanden werden, die sich mit Mathematik auskennen. Mehr noch: Galilei glaubt, dass wir, selbst wenn Gott mehr weiß als wir, mathematische Wahrheiten und Demonstrationen mit einer Klarheit erkennen können, die mit der von Gott vergleichbar ist. Wenn dies der Fall ist, bleibt die Frage, warum es in der natürlichen Welt so viele geometrische Formen und Regelmäßigkeiten gibt, die sich mit Zahlen und Formeln ausdrücken lassen.

Manche Menschen sind überzeugt, dass dies ein Zeichen für die Existenz Gottes ist, ein Beweis für eine ordnende Intelligenz am Ursprung des Universums. Andere wiederum sind der Meinung, dass die Regelmäßigkeit der Natur von der Art und Weise abhängt, wie wir die Dinge wahrnehmen, also von der Art und Weise, wie unser Geist sie in Raum und Zeit ordnet. Und schließlich gibt es diejenigen, die glauben, dass die Formen, die wir in der Natur erkennen, nichts anderes als das Ergebnis der physikalischen und chemischen Kräfte sind, die unser Universum »organisieren«. Welche dieser Theorien wahr ist, können wir nicht sagen, aber eines ist sicher: Mathematikkenntnisse können uns helfen, die Welt zu verstehen.

HEILIGT DER ZWECK DIE MITTEL?

Das ist eine berühmte Frage. Leider werden auf der Welt immer noch Kriege geführt und Aggressionen im Namen bestimmter Werte gerechtfertigt. Aber gibt es wirklich Ziele, für die es sich lohnt zu kämpfen?

Was hältst du von Menschen, die sagen, sie seien zu allem bereit, um ihre Ziele zu erreichen? Ist es klug, jedes Mittel einzusetzen, um ein Ziel zu erreichen? Das Sprichwort »der Zweck heiligt die Mittel« wird im Allgemeinen dem großen florentinischen Denker Niccolò Machiavelli (1469–1527) zugeschrieben, obwohl der Satz in keiner seiner Schriften zu finden ist. Die Assoziation mit seinem Namen erklärt sich aus der Tatsache, dass Machiavelli ein Buch geschrieben hat, *Der Fürst*, in dem er skrupellose Ratschläge zur Erlangung und zum Erhalt von Macht gibt.

In Machiavellis Buch finden wir in der Tat sehr harte und direkte Hinweise: Wenn ein Fürst seine Macht erhalten will, muss er lernen, kein guter Mensch zu sein, er muss »wissen, wie man in das Böse hineingeht«, wenn es nötig ist; er muss lernen, sich zu verstellen und seine Absichten zu verbergen; er muss bereit sein, die Regeln der Ethik zu missachten, das Vertrauen der Menschen, mit denen er Vereinbarungen getroffen hat, zu verraten und sogar – wenn es sein muss – gegen die Nächstenliebe, die Menschlichkeit und gegen die Religion zu handeln. Zu den historischen Figuren, die er als Vorbilder vorschlug, gehörte zum Beispiel der italienische Renaissance-Fürst Cesare Borgia (1475–1507). Dieser Mann ließ einen seiner treuen Mitarbeiter hinrichten, um in den Augen des Volkes gut dazustehen, ließ Menschen festnehmen und erwürgen, die sich gegen ihn verschworen hatten (nachdem er vorgegeben hatte, mit ihnen Frieden zu schließen).

Die Botschaft scheint zu sein: Wer Macht erlangen oder erhalten will, muss bereit sein, jedes Mittel einzusetzen. Bei der Lektüre seiner Bücher zeigt sich jedoch, dass die Beziehung zwischen Mitteln und Zielen komplexer ist.

Erstens schätzt Machiavelli, anders als man denken könnte, keine Tyrannen, die nur auf Gewalt als Mittel zur Durchsetzung ihrer Macht zurückgreifen. Das Ziel, das man erreichen will, rechtfertigt noch nicht den Einsatz jedes beliebigen Mittels: Den Unterschied macht die Fähigkeit, gut zu argumentieren, ohne die eigenen Grenzen und die Ungewissheit, die in allen Dingen lauert, aus den Augen zu verlieren. Kein Mittel ist in jeder Situation wirksam, denn die Vorgehensweise, die gestern zum Erfolg führte, kann morgen in den Ruin führen. Das menschliche Leben ist immer im Fluss, es gibt ständige Höhen und Tiefen, und man muss gut damit umgehen können.

Was sollte also die- oder derjenige beim Regieren eines Staates beachten? Wer Stabilität will, sollte ein übermäßiges Ungleichgewicht zwischen den Mächtigen und dem Volk vermeiden: Wenn alle mit dem zufrieden sind, was sie haben, werden der Staat als Ganzes und diejenigen, die ihn regieren, stärker.

Eine großartige Einsicht: Um das eigene Ziel zu erreichen, ist es gut, es mit den Zielen anderer zu verbinden, auch wenn sie sich von den eigenen unterscheiden. Einigkeit macht stark! Man denke an eine Fußball- oder Volleyballmannschaft. Ein Spieler mag das Bestreben haben, in seiner Rolle der Beste zu sein, aber wenn er seinen Mannschaftskameraden in die Quere kommt, wird er scheitern. Spielerinnen und Spieler sind gezwungen, im Team zu arbeiten und andere in die Lage zu versetzen, ebenfalls ihr Bestes zu geben. Damit er sein eigenes Können zeigen und dabei helfen kann, das Spiel zu gewinnen.

WIRD DIE ZUKUNFT BESSER SEIN ALS DIE VERGANGENHEIT?

Wenn du die Möglichkeit hättest zu wählen, in welcher Epoche du wiedergeboren werden möchtest, wofür würdest du dich entscheiden? Für heute, für die Vergangenheit oder für die Zukunft?

Ältere Menschen erinnern sich gern an die »gute alte Zeit« und behaupten, dass früher vieles besser war als heute. Es gibt sogar ein Sprichwort, das besagt, dass »es besser war, als es schlechter war«: Das klingt wie ein Widerspruch, aber es soll heißen, dass die Lebensqualität in der Vergangenheit in mancher Hinsicht besser war, obwohl es mehr Armut und weniger Bequemlichkeit gab. Manche Mythen erzählen von einem fernen goldenen Zeitalter, in dem die Menschen glücklicher und freier lebten: Sie brauchten nicht zu arbeiten, weil die Natur ihre Früchte von alleine trug, und es gab wenig Anlass zu Diskussionen, weil alle fair und gerecht miteinander umgingen, auch wenn es keine Gesetze gab.

Aber sagen diese Mythen die Wahrheit? Einige meinen, dass man das Beste nicht in der Vergangenheit, sondern in der Zukunft suchen sollte. Der französische Philosoph Condorcet (1743–1794) zum Beispiel teilte die Zeit, die bereits vergangen war, in neun Epochen ein: Jede dieser Epochen versuchte immer, die vorherige zu verbessern. Im Laufe der Jahrhunderte befreiten sich unsere Vorfahren von alten Irrtümern und Aberglauben, machten Fortschritte in ihrem Wissen über die Natur, fanden immer effektivere Wege, um Krank-

heiten zu heilen. Doch nicht jeder empfängt Neues mit offenen Armen: Heute leben wir zum Beispiel in einer Welt, in der wir den Ausstoß von Treibhausgasen, die zur globalen Erwärmung beitragen, dringend reduzieren müssen, aber nicht jede und jeder ist dazu bereit. Einen neuen Weg einzuschlagen und erneuerbare Energien zu nutzen, würde für viele den Verlust von Macht, Geld und Komfort bedeuten. Laut Condorcet behält die Menschheit jedoch immer die Fähigkeit, sich zu verbessern, und das ideale Zeitalter, in dem man leben kann, ist das zukünftige, weil die Ungleichheiten abnehmen, Gesundheit und Lebenserwartung zunehmen und die Menschen gerechter und fairer zueinander sein werden.

Wie denkst du darüber? Andere Philosophen haben diese Vision als zu optimistisch und abstrakt empfunden. Die Weltkriege im letzten Jahrhundert und die Umweltkrisen erinnern uns daran, dass die Fähigkeit, Bestehendes zu verschlechtern oder zu zerstören, mit der Zeit ebenfalls gewachsen ist. Anstatt uns selbst davon zu überzeugen, dass wir dazu bestimmt sind, uns zum Besten zu entwickeln, sollten wir uns vielleicht darauf konzentrieren, wie wir das Schlimmste vermeiden können.

KÖNNEN WIR UNSERE EMOTIONEN KONTROLLIEREN?

Am 26. Juni 2016 verschoss der bestbezahlte Spieler der Welt im Finale der Copa América einen wichtigen Elfmeter und jagte den Ball über die Latte. Es waren 80.000 Menschen im Stadion und der Moment war in der Tat entscheidend. War alles nur eine Frage der Emotionen?

Die Rede ist natürlich von Lionel Messi, für viele der größte Fußballer aller Zeiten. Er war es, der trotz seines außergewöhnlichen Könnens einen ruhenden Ball aus elf Metern Entfernung auf ein 7,32 Meter breites und 2,44 Meter hohes Rechteck schoss, das Tor aber nicht traf. Seine Mannschaft, Argentinien, verlor das Finale gegen Chile mit 2:4, und nachdem Messi über seinen Fehler geweint hatte, kündigte er seinen endgültigen Rücktritt aus der Nationalmannschaft an. Was er dann glücklicherweise doch nicht tat und die Weltmeisterschaft 2022 gewann. Es war sicher nicht das erste Mal, dass ein Profisportler von seinen Emotionen ausgetrickst wurde. Wer schon einmal an einem Sportwettkampf teilgenommen hat, kennt vermutlich die Auswirkungen der emotionalen Anspannung, die besondere Momente begleitet.

Etwas Ähnliches kann auch in der Schule während einer Prüfung passieren. Es ist schwer zu verstehen, was in solchen Situationen vor sich geht, und es stellt sich die Frage: Ist es möglich, sich nicht von Emotionen beeinflussen zu lassen? Einige antike Denker glaubten das: Die stoischen Philosophen zum Beispiel hielten es für wichtig, darauf zu achten, wie man Dinge beurteilt, da Emotionen und Urteile miteinander verbunden sind.

Wäre es Messi gelungen, dem Elfmeter, den Erwartungen und all den Augen, die auf ihn gerichtet waren, nicht so viel Bedeutung beizumessen, hätte er dann getroffen? Wahrscheinlich ja.

Manche Stoiker haben gesagt, es sei besser, die Emotionen ganz auszuschalten. Der niederländische Philosoph Baruch de Spinoza (1632–1677) war damit nicht einverstanden. Im Gegenteil, er war der Meinung, dass es unmöglich sei, überhaupt nichts zu fühlen.

Emotionen und Leidenschaften sollten tatsächlich nicht als Laster betrachtet werden, die es auszurotten gilt, denn sie gehören zu unserem Geist wie Hitze, Kälte, Sturm und Donner zur Luft. Das heißt aber nicht, dass wir ihnen hilflos ausgeliefert sind, denn wir können lernen, wie wir am besten mit ihnen umgehen. Dazu müssen wir sie erst einmal richtig kennenlernen und darauf achten, wie sie sich in unserem Leben bemerkbar machen. Wir müssen zudem gut einschätzen, was um uns herum passiert, und Situationen, denen wir zu viel Bedeutung beimessen, herunterspielen. Und es gibt noch etwas sehr Wichtiges: die Kunst der »inneren Rede«, die darin besteht, die Worte zu finden, mit denen man sich selbst am besten anspricht, um die eigenen Fähigkeiten zu fördern.

KÖNNEN WIR UNSER LEBEN KONTROLLIEREN?

Manchmal fasst man gute Vorsätze wie »Ich sollte aufhören mit ...« oder »Ich sollte anfangen zu ...«. Aber es gelingt einem nicht immer, das zu tun, was man will, und sich selbst und seine Gewohnheiten zu ändern. Es ist sogar oft sehr schwierig. Stimmst du dieser Aussage zu?

Jede und jeder kann sich im Leben verbessern. Es gibt bessere Entscheidungen und Gewohnheiten als andere, um für sich selbst zu sorgen, ein guter Freund zu sein, gut in der Schule oder im Sport zu sein und so weiter.

Viele große Philosophen haben versucht herauszufinden, wie man leben sollte, um immer glücklich zu sein. Einer von ihnen ist Epiktet (um 50–135), der eigentlich nichts geschrieben hat, aber dank eines Schülers, der seine Gedanken aufschrieb, haben wir heute sein *Handbuch*, ein Buch, das klein genug ist, um es immer zur Hand zu haben. Epiktet war übrigens Sklave in Rom, bevor er Lehrer wurde und dank seiner brillanten Einsichten sogar von dem großen Kaiser Marcus Aurelius (121–180) aufmerksam gehört wurde.

Einer der grundlegenden Ratschläge, die Epiktet für ein gutes Leben gibt, besteht darin, Dinge, die von uns abhängen, von denen zu unterscheiden, die nicht von uns abhängen: Erfolg, Ansehen, was andere von uns denken, Reichtum und Gesundheit zum Beispiel hängen nicht von uns ab. Diese Liste hat etwas Seltsames an sich, nicht wahr? Was andere von uns denken und unsere Gesundheit hängen auch davon ab, was wir tun. Natürlich weiß Epiktet, dass unser Handeln das Urteil anderer und unser eigenes Leben beeinflusst, aber er belehrt uns, dass diese Dinge nicht vollständig in unserer Hand liegen: Deshalb ist es richtig, sich anzustrengen und sein Bestes zu geben, aber wir sollten nicht erwarten, dass andere genau das denken, was wir uns wünschen (und wir sollten auch nie krank werden).

Wir sollten uns alle auf die Dinge konzentrieren, die »in unserer Macht« stehen, also unsere Gedanken, Meinungen, Wünsche und Handlungen, die von uns abhängen. Stell dir vor, jemand sagt verletzende Worte zu dir. Solltest du wütend werden? Nein, sagt Eptiket: Diese Worte hängen nicht von dir ab und sagen nichts darüber aus, wie du wirklich bist. Der Schaden, den sie dir zufügen können, hängt davon ab, wie viel Bedeutung du ihnen beimisst. Ein anderes Beispiel: Etwas, das dir sehr wichtig ist, geht kaputt. Wie reagierst du? Vor allem, indem du daran denkst, dass nichts für die Ewigkeit bestimmt ist und dass Dinge einfach Dinge sind, auch wenn sie wertvoll sind. Es kann passieren, dass Dinge kaputt gehen, obwohl du vorsichtig bist. So lebt nach Epiktet derjenige gut, der sich auf das konzentriert, was in seiner Macht steht, ohne seine Wünsche und Erwartungen zu weit zu projizieren.

Einer, der Epiktets Lehre sehr ernst nahm, war wie gesagt der philosophische Kaiser Marcus Aurelius. Er erkannte, dass es oft nicht die Dinge selbst sind, die uns beunruhigen, sondern die Art und Weise, wie wir sie uns vorstellen. Dies verleitet uns dazu, sie für größer und wichtiger zu halten, als sie tatsächlich sind: Dieses Prinzip im Hinterkopf zu behalten, so Marcus Aurelius, hilft uns, nicht wie Marionetten zu leben, die von konfusen Vorstellungen der Wirklichkeit in alle Richtungen gezogen werden.

MÜSSEN WIR DER WISSENSCHAFT IMMER GLAUBEN?

Die Geschichte der Wissenschaft ist gekennzeichnet von ständigen Entdeckungen und Theorien. Die Ideen, die heute Wissenschaftlerinnen und Wissenschaftler überzeugen, können jedoch in ein paar Jahrzehnten völlig veraltet sein. Aber wie zuverlässig sind sie dann?

cos x = √12
7
≥ ax

In der Wissenschaft gibt es keine einheitliche Meinung: Es gibt grundlegende Fragen, zu denen Forschende unterschiedliche Vorstellungen haben, und es gibt Hypothesen, die nur dazu dienen, andere infrage zu stellen. Wie funktioniert also die Wissenschaft? Und wie können wir entscheiden, wem wir am besten glauben sollten? Der Philosoph Karl Popper (1902–1994) kann uns helfen, das zu verstehen. Er unterschied zunächst drei wesentliche Aspekte der wissenschaftlichen Methode:

1) die Begegnung mit Rätseln und Problemen, die Fragen aufwerfen, welche zunächst nicht beantwortet werden können;

2) die Versuche, diese Rätsel und Probleme zu lösen, indem Hypothesen und Theorien entwickelt werden;

3) die Diskussion über die Hypothesen und Theorien zwischen Wissenschaftlerinnen und Wissenschaftlern, die unterschiedliche Vorstellungen über die besten Lösungen haben könnten.

Die offene, kontroverse Diskussion ist wichtig, denn sie ermöglicht es, Fehler in den Hypothesen und Theorien zu erkennen, und wirft manchmal neue, wichtige Fragen auf.

Wissenschaftliche Theorien erklären nicht nur, was in der Vergangenheit passiert ist und was jeden Tag passiert, sondern dienen auch dazu, Vorhersagen über zukünftige Ereignisse zu treffen und Hypothesen über Phänomene aufzustellen, die noch nicht beobachtet wurden. Wenn die Vorhersagen durch die Fakten nicht bestätigt werden, geben Forschende nicht auf, sondern fragen sich, was und wo sie etwas falsch gemacht haben.

Ein Beispiel soll helfen, die Sache zu verdeutlichen: Als Isaac Newton (1643–1727) das Gesetz definierte, das die Bewegung der Planeten um die Sonne beschreibt, war der Uranus noch nicht entdeckt worden. Die ersten Beobachtungen des Uranus zeigten überraschenderweise, dass er nicht wie die bereits bekannten Planeten dem Newtonschen Gesetz folgte. Vielleicht war das Gesetz also falsch? Nicht unbedingt. Jemand wies darauf hin, dass das Gesetz weiterhin gültig ist, wenn es einen weiteren, noch nicht entdeckten Planeten gibt, der die Bewegung des Uranus beeinflussen könnte. Ein paar Jahrzehnte später wurde der neue Planet tatsächlich entdeckt, und zwar genau dort, wo er sein musste, um die Bewegung des Uranus zu beeinflussen, damit das Newtonsche Gesetz eingehalten werden konnte! Laut Popper können die

Behauptungen der Wissenschaft immer infrage gestellt und womöglich falsifiziert, also widerlegt werden: Tatsächlich ist es gerade die Falsifizierbarkeit, die die Wissenschaft von anderen Lehrmeinungen unterscheidet. Nehmen wir ein Beispiel: Eine Aussage wie »Gott existiert« ist nicht wissenschaftlich, weil sie nicht durch Erfahrung auf ihre Falsifizierbarkeit geprüft werden kann.

Theorien wie die von Newton oder Einstein (1879–1955) hingegen enthalten Aussagen und Vorhersagen, die widerlegt werden können. Wenn sie nicht widerlegt werden, gewinnen wissenschaftliche Vermutungen im Laufe der Zeit an »Kraft« und Glaubwürdigkeit: weil sie durch die Diskussion vieler Menschen bestätigt werden, die herausfinden wollen, wie die Dinge wirklich sind, und ihre Studien methodisch anwenden.

KÖNNEN WIR KÖRPER UND GEIST TRENNEN?

Wenn wir die Leistungen einer Sportlerin oder einer Mannschaft kommentieren, konzentrieren wir uns manchmal auf die körperliche und manchmal auf die geistige Verfassung, als ob diese beiden Bereiche voneinander getrennt wären. Aber in welchem Sinne und in welchem Ausmaß ist es möglich, Geist und Körper zu unterscheiden?

Wenn wir im alltäglichen Sprachgebrauch von »Geist« und »Körper« sprechen, scheint es immer so zu sein, als sei der Geist etwas, das man nicht sehen oder anfassen kann; etwas Ungreifbares wie Gedanken, Erinnerungen oder Gefühle und Fantasie – während der Körper nur mit Muskeln, Knochen, Organen und allem Körperlichen zu tun hat.

Manche, wie der Philosoph Descartes (1596–1650), sprechen von Geist und Körper als zwei getrennten Substanzen (daher der Name »Dualismus«): Nach dieser Theorie können die Atome und Moleküle, aus denen wir bestehen, nicht denken, also muss es eine andere Substanz geben, den Geist, der denken kann. Aber wie kann man die Zusammenwirkung zwischen Geist und Körper erklären, die wir alle erleben? Wenn du jetzt daran denkst, dieses Buch zuzuschlagen, musst du deine Hände zu Hilfe nehmen: Es gibt also einen Impuls vom Geist zum Körper. Aber wie geschieht das? Wenn du versuchst, während des Laufens zu rechnen, wirst du feststellen, dass dies schwieriger ist, als wenn du stillstehst. Du wirst sogar feststellen, dass du langsamer läufst, je mehr du dich mit der geistigen Aufgabe beschäftigst. Warum aber sollte das passieren, wenn der denkende Geist vom Körper »abgekoppelt« ist?

Es gibt daher Leute, die genau das Gegenteil behaupten, nämlich dass Geist und Körper ein und dasselbe sind und dass die Existenz des Geistes davon abhängt, wie unser Körper organisiert ist: Also, wie komplex unser Gehirn ist, wie viele Laute wir erzeugen und wie viele Wörter wir sprechen können, und dass wir Hände haben, mit denen wir Dinge greifen und bauen

können. Aber auch hier mangelt es nicht an schwierigen Fragen: Wie kann der Körper, wenn ein Mensch stillsteht und die Augen geschlossen sind, die verschiedensten Dinge denken und sich vorstellen, auch solche, die weit entfernt sind oder gar nicht existieren?

Zu den Philosophen, die nicht an den Dualismus glauben, gehört der Franzose Maurice Merleau-Ponty (1908–1961), der uns auffordert, zwischen zwei Bedeutungen des Wortes »Körper« zu unterscheiden: Zum einen gibt es den Körper im engeren Sinne (den Organismus), mit dem sich die Anatomie und die Biologie beschäftigen; zum anderen gibt es den lebendigen Körper, d. h. den Körper, der jedem von uns eigen ist, mit seinen Erfahrungen und Erinnerungen.

Nach Merleau-Ponty ist unser Bewusstsein nicht vom Körper getrennt, aber auch nicht an einem bestimmten Ort angesiedelt. Wo ist es also? Es entsteht aus der Beziehung zwischen unserem lebendigen Körper und der Welt: Wenn wir mit unserer Umgebung in Kontakt treten, stellen wir fest, dass wir viele Dinge fühlen und tun können, und durch diese Dinge fühlen wir uns selbst. Denke einmal darüber nach: Wenn du mit deiner Hand einen Tisch berührst, fühlst du den Tisch, aber du fühlst auch dich selbst durch deine Hand, die den Tisch berührt. Jeder wird sich seiner selbst bewusst, indem er durch seinen Körper sagen kann: »Ich kann fühlen«, »Ich kann etwas tun«.

Welche Perspektive scheint dir die vielversprechendste zu sein? Auch heute noch diskutieren Philosophinnen und Philosophen, Wissenschaftler und Wissenschaftlerinnen über dieses Thema. Denn was wir sind, ist immer noch ein großes Rätsel.

WAS IST DIE GRÖSSTE ERFINDUNG DER GESCHICHTE?

Wir wissen nicht, wann das Rad erfunden wurde. Die ersten Schriftsysteme entstanden vor mehr als 5.000 Jahren. Das erste Flugzeug erhob sich in die Luft, für kurze Zeit, im Jahr 1903. Das erste Programm zum Surfen im Internet wurde 1991 geschrieben. Auf welche dieser Dinge könnten wir deiner Meinung nach nicht verzichten?

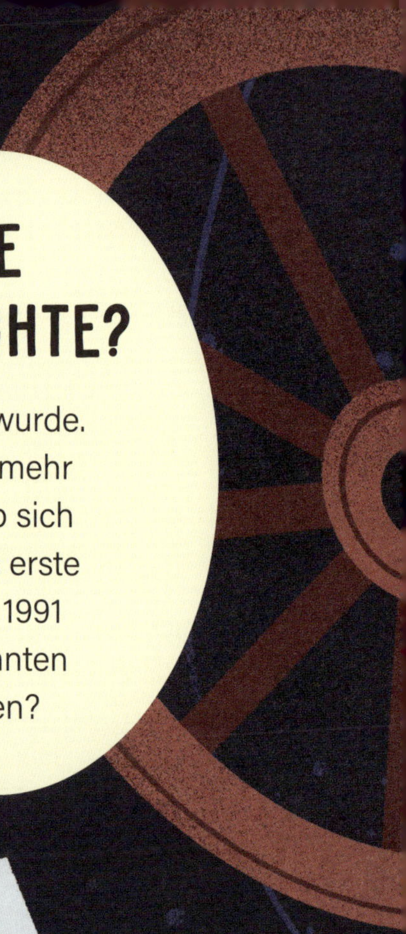

Laut dem englischen Philosophen Francis Bacon (1561–1626) sind die drei Erfindungen, die das Gesicht der Welt am meisten verändert und das menschliche Leben beeinflusst haben, der Kompass, das Schießpulver und die Druckerpresse. Die Liste ist inzwischen veraltet, da Bacon diese Meinung bereits im frühen 17. Jahrhundert äußerte, aber es bleibt interessant, die Gründe für seine Wahl zu verstehen.

Der Kompass ermöglichte es, sich überall auf der Welt zu orientieren, auch wenn der Himmel bedeckt war, und gab der Navigation, den großen geografischen Entdeckungen und den Beziehungen zwischen allen Orten und Völkern der Erde einen entscheidenden Impuls.

Das Schießpulver revolutionierte die Art und Weise, wie Kriege geführt wurden, und steigerte die Zerstörungskraft der menschlichen Spezies: Auch wenn das keine gute Sache ist, so ist es doch eine Erfindung, die tiefe Spuren in der Geschichte hinterlassen hat. Und schließlich ermöglichte der Buchdruck die Herstellung enormer Mengen von Büchern in kurzer Zeit und trug so zur Verbreitung von Wissen bei. In einem seiner Bücher stellt sich Bacon ein Forschungszentrum vor, in dem Dinge erfunden wurden, die für ihn damals unvorstellbar waren: 800 Meter hohe Türme, mächtige Waffen, Mittel zum Fliegen und zur Unterwassernavigation, Röhren, die Schall in die Ferne übertragen können. Einige der von dem Philosophen grob beschriebenen Dinge wurden später in die Realität umgesetzt, zum Beispiel Wolkenkratzer, Telefone, Waffen, Flugzeuge und U-Boote.

Rund vier Jahrhunderte sind vergangen, seit Bacon die wichtigsten Erfindungen ausgewählt hat, und heute sollte seine Liste auf jeden Fall aktualisiert werden. Bei der Definition der Bedeutung von Erfindungen wäre es jedoch sinnvoll zu versuchen, zwischen denen zu unterscheiden, die sehr positive Auswirkungen auf Mensch und Umwelt hatten, und denen, die uns schaden. Man denke an die Erfindungen, mit denen wir tagtäglich unseren Planeten verschmutzen, und an die Erfindungen, mit denen wir versuchen können, etwas zu verändern. Es gibt Erfindungen, deren Einsatz den Tod vieler Menschen verursacht (wie die zerstörerischen Waffen, mit denen Kriege geführt werden) und Erfindungen, die viele Leben retten. Es ist nicht immer leicht, zwischen beiden zu unterscheiden, denn die Auswirkungen hängen oft nicht von den Erfindungen selbst ab, sondern davon, wie sie eingesetzt werden. Die einen sind von den Entwicklungen der künstlichen Intelligenz und deren möglichen Anwendungen in den verschiedensten Bereichen begeistert; andere fürchten die Unbekannten und Gefahren, die mit ihrem übermäßigen und unüberlegten Einsatz verbunden sind.

Nach Bacons Vorbild könntest du nun versuchen, dir Erfindungen vorzustellen, die es noch nicht gibt, und dabei vor allem darüber nachdenken, was unser Leben verbessern und zur Lösung der größten Probleme unserer Welt beitragen könnte.

IST DAS UNIVERSUM UNENDLICH?

Wäre das Universum endlich und wir könnten seine Grenzen erreichen, was würde passieren, wenn wir versuchen würden, einen Pfeil abzuschießen? Würde der Pfeil weiterfliegen, anhalten oder würde er abprallen? Und was ist jenseits der Grenzen?

Eine in der Vergangenheit sehr populäre Theorie besagt, dass das Universum, in dem wir leben, die Form einer Kugel hat und endlich ist. Bis zum 17. Jahrhundert glaubten fast alle, dass sich die Erde im Zentrum dieser Kugel befindet, in einer privilegierten Position, so als ob sich das gesamte Universum um unseren Planeten und uns Menschen drehen würde.

Einer, der diese Sichtweise infrage stellte, war der Philosoph Giordano Bruno (1548–1600). Bereits bevor Galileo Galilei (1564–1642) sein Teleskop auf den Himmel richtete und Himmelskörper entdeckte, die noch niemand zuvor gesehen hatte, stellte Bruno die Theorie auf, dass es ein unendliches Universum ohne Zentrum und mit unzähligen Welten gibt. Brunos Argumentation war nicht wirklich wissenschaftlich: Seiner Meinung nach war das Universum unendlich, weil es von einer unendlichen göttlichen Macht geschaffen wurde. Seither hat sich unser Bild vom Universum radikal verändert, ohne jedoch alle Zweifel auszuräumen: Noch heute gibt es verschiedene Theorien über die gegenwärtige Form des Universums, seinen Ursprung und seine Zukunft. Obwohl es inzwischen extrem leistungsfähige Teleskope gibt, die sich sogar im Orbit befinden – das leistungsstärkste, James Webb genannt, ist anderthalb Millionen Kilometer von der Erde entfernt! –, hat man das Ende des Universums noch nicht gesehen. Wie weit können wir mit wissenschaftlichen und technischen Instrumenten vordringen?

Doch unter den Dingen, die wir heute wissen und von denen Giordano Bruno keine Ahnung hatte, gibt es etwas wirklich Erstaunliches: Je weiter unser Blick in den Weltraum geht, desto weiter geht er auch in der Zeit zurück. Wie ist das möglich? Schau dir die Signale an, die das Webb-Teleskop aus dem All empfängt. Sie brauchen Zeit, um den Weg von ihrem Ursprung bis zum Instrument, das sie auffängt, zurückzulegen, sodass das Teleskop die Quellen der Signale (wie Sterne und Galaxien) nicht live sieht. Das ist kompliziert, aber es lohnt sich zu versuchen, die Bedeutung besser zu verstehen. Ein »Lichtjahr« ist die Strecke, die das Licht in einem Jahr zurücklegt, und die Signale, die das Teleskop auffängt, bewegen sich mit Lichtgeschwindigkeit. Als das Webb-Teleskop also zum ersten Mal eine Galaxie »sah«, die 13 Milliarden Lichtjahre von uns entfernt ist – die am weitesten entfernte Galaxie, die je entdeckt wurde –, sah es das Bild dieser Galaxie vor 13 Milliarden Jahren und öffnete uns damit ein Fenster in die Vergangenheit dieser Galaxie.

Es ist, als hätte sie uns ein sehr altes Foto geliefert. Deshalb sagt man, dass wir mit diesem neuen Teleskop nicht nur sehen können, was sich weit weg im Weltraum befindet, sondern auch, was sich zu einer Zeit ereignet hat, die näher am Ursprung des Universums lag. Das hätten sich weder Bruno noch Galileo vorstellen können.

WAS IST EIN WUNDER?

Es gibt viele Dinge, schöne und hässliche, die uns in Staunen versetzen können. Aber ist es einfacher, über Naturphänomene zu staunen oder über Dinge, die von Menschen gemacht sind? Worüber hast du das letzte Mal gestaunt?

In der Antike gab es eine Liste von Bauwerken und Skulpturen, die durch ihre Größe und Schönheit beeindruckten: Man sprach von den sieben Weltwundern. Leider sind alle bis auf die Cheops-Pyramide in Ägypten verloren gegangen. Denke jetzt an Dinge, die von Menschen geschaffen wurden, aber auch an alles, was es in der Natur gibt: Was würdest du heute zu den sieben Weltwundern zählen? Und vor allem: Was würdest du ganz oben auf die Liste setzen? Für den Philosophen Giovanni Pico della Mirandola (1463–1494) stand fest: Das Wunderbarste von allem ist der Mensch.

Pico verneinte nicht, dass es in der Natur auch andere Wunder gibt, aber er war der Meinung, dass der Mensch eine einzigartige und unvergleichliche Eigenschaft besitzt: die Freiheit, d. h. die Möglichkeit, selbst zu entscheiden, was man aus sich machen will. Er stellte fest, dass der Mensch im Gegensatz zu den Tieren, den Pflanzen und allen Elementen, aus denen die Welt besteht, keinen festen Platz in der Natur hat. Es ist, als ob jede, jeder von uns bei seiner Geburt die Möglichkeit hat zu werden, was er will.

Die Grundelemente der Wirklichkeit – beispielsweise die Atome – können nicht tun, was sie wollen: Es gibt Naturgesetze, die ihre Bewegungen und die Kombinationen, in denen sie auftreten können, festlegen. Tiere können

sich nicht entscheiden, ihre Instinkte und ihr charakteristisches Verhalten zu ändern. Der Mensch hingegen kann sich selbst, seine Umgebung und seine Gewohnheiten tiefgreifend verändern und auf diese Weise sein Wissen und seine Fähigkeiten erweitern. So wie der Bildhauer den Stein formt, können wir uns selbst formen und gestalten.

Pico wies jedoch darauf hin, dass die Freiheit ein Geschenk ist, das mit Vorsicht zu genießen ist, denn sie kann sehr gut, aber auch sehr schlecht genutzt werden. Die Freiheit ermöglicht es den Menschen, ständig Neues zu entdecken und zu lernen, viele Wege der Zusammenarbeit zu finden, das Falsche zu ändern und in Harmonie zu leben. Es gibt aber auch Menschen, die ihre Freiheit missbrauchen, um anderen zu schaden oder sich Lastern und schlechtem Verhalten hinzugeben.

Die Geschichte und aktuelle Ereignisse liefern uns viele Beispiele für die schrecklichen Dinge, zu denen Menschen fähig sind. Dennoch hat Pico nie aufgehört, uns als das Wunderbarste in der Natur zu betrachten, wahrscheinlich, weil die Freiheit dem Menschen immer die Möglichkeit gibt, sich zu korrigieren und zu verbessern.

MUSS MAN AN ALLEM ZWEIFELN?

Träume verblüffen uns manchmal, weil sie sehr umfassend und detailliert sein können. Aber können wir sicher sein, dass das Leben nicht auch eine Art Traum ist, aneinandergereihte Illusionen, die uns der Verstand vorgaukelt?

Zweifeln ist immer sehr nützlich für die Reflexion und das kritische Denken. Zweifeln bedeutet, nicht bei den ersten Meinungen, die wir zu einem Thema hören, oder den ersten Ideen, die uns in den Sinn kommen, stehen zu bleiben. Es bedeutet, alles zu bemerken, was wir nicht wissen, auch das Selbstverständliche infrage zu stellen, und in Betracht zu ziehen, dass die Wirklichkeit anders sein könnte als das, was wir sehen. Der Sinn für Zweifel ist also wirklich sehr nützlich: Weil er dir helfen kann, nicht in die Fallen von Online-Betrügern zu tappen oder den übertriebenen Versprechungen von Propaganda und Werbung nicht zu glauben. Denn viele industriell gefertigte Lebensmittel sehen in echt nicht so aus, wie sie auf der Verpackung abgebildet sind; manche Produkte sind nicht so außergewöhnlich, wie die Werbung vermuten lässt; in den sozialen Medien gibt es Leute, die leichtes Geld ohne Anstrengung oder andere Wunder versprechen. In solchen Fällen ist es gut, wachsam zu sein.

Eine antike philosophische Schule legte so viel Wert auf den Zweifel, dass sie sich »Skeptizismus« nannte, abgeleitet vom griechischen Wort *skepsis*, das »Zweifel«, aber auch »Forschung« bedeutet. Die Anhänger dieser Schule – die Skeptiker – vertraten die Ansicht, dass wir Menschen die Wahrheit nicht erkennen können und deshalb immer »das Urteil aussetzen« sollten. Was bedeutet das? Es bedeutet, dass wir uns davor hüten sollten, endgültige Urteile über die Dinge zu fällen, weil sie immer anders sein können, als sie uns erscheinen.

Das mag übertrieben klingen, aber die Skeptiker hatten eine lange Liste von Gründen parat, um diese Position zu verteidigen. Zum Beispiel: Wer immer auf eine bestimmte Art und Weise isst, wird die Qualität bestimmter Nahrungsmittel unterschiedlich beurteilen, je nachdem, welche Geschmacksrichtungen man gewöhnt ist; bestimmte Spiele, die einem früher Spaß gemacht haben, erscheinen einem mit der Zeit langweilig. Umgekehrt kann ein und derselbe Hut in bestimmten Kombinationen schön und in anderen hässlich aussehen ... Wir können nicht sagen, wie die Dinge wirklich sind, sondern nur, wie sie uns erscheinen.

Müssen wir also einfach ALLES infrage stellen? Dem schottischen Philosophen David Hume (1711–1776) zufolge könnte das niemand, selbst wenn er oder sie es wollte. Würde ein Mensch an allem zweifeln, könnte er keine

Handlung ausführen, nicht einmal die einfachste: Wenn er zum Beispiel ein Glas Wasser vor sich sieht, könnte er es nicht nehmen, um seinen Durst zu löschen, weil er an dessen Existenz zweifeln müsste oder an der Tatsache, dass Wasser den Durst löscht. Auch laut Hume kennen wir die wahre Natur der Dinge nicht: Um zu leben, können wir uns nur auf unsere Wahrnehmungen, unsere Gewohnheiten und die Verbindungen zwischen den Dingen verlassen, die wir mit unserer Vorstellungskraft herstellen. Kurz gesagt: Zweifel sind nützlich, aber es lohnt sich, dem Zweifeln Grenzen zu setzen!

LOHNT ES SICH, EINE METHODE ZU HABEN?

Was würdest du tun, wenn du dich mitten im Wald ohne Orientierungshilfe befändest? Was wäre deine Strategie, um zu einem bewohnten Ort zu gelangen? Und in einem Labyrinth? Was würdest du tun, um den Ausgang zu finden?

Einem alten Mythos zufolge fand der athenische Held Theseus, nachdem er den schrecklichen Minotaurus in einem Labyrinth getötet hatte, dank eines Wollknäuels den Weg hinaus. Als er das Labyrinth betrat, begann er sofort den Faden zu entrollen, den ihm Ariadne gegeben hatte, und um den Ausgang zu finden, musste er dem Faden nur folgen. Das Labyrinth ähnelt jeder unklaren und verworrenen Situation, in der es schwierig ist, einen Ausweg zu sehen, während Ariadnes Faden nichts anderes ist als die Methode, d. h. die Strategie, der man folgen muss, um nicht wahllos hin und her zu irren.

Ein unbekannter Wald kann einem Labyrinth ähneln, vor allem für diejenigen, die keine Hilfsmittel zur Orientierung haben.

Das Beispiel des Waldes stammt vom französischen Philosophen Descartes (1596–1650), der uns auffordert, uns einen klugen Weg auszudenken, wie wir uns fortbewegen können. Was ist also zu tun? Ganz sicher sollten wir nicht stehenbleiben, aus Angst, den falschen Weg zu gehen, und wir sollten auch nicht blindlings hin und her laufen. Sein wichtigster Rat ist, sich für eine Richtung zu entscheiden, indem wir uns eine klare Regel geben (beispielsweise nach Süden zu gehen und uns am Stand der Sonne zur Mittagszeit zu orientieren) und es uns nicht noch zweimal zu überlegen, wenn wir uns entschieden haben. Du wirst vielleicht nicht genau dort ankommen, wo du hinwillst, aber du wirst wahrscheinlich irgendwo ankommen. Bei diesem Beispiel geht es Descartes also darum, eine Methode zu definieren, mit der man sein Wissen erweitern kann, um gültige Lösungen für Probleme zu finden.

Nach reiflicher Überlegung schlug der Philosoph eine Methode vor, die auf vier Regeln beruht:

1) Nur was klar und offensichtlich ist, sollte als wahr angesehen werden, ohne sich auf Hörensagen oder Eindrücke zu verlassen.

2) Jedes komplizierte Problem sollte in seine einfacheren Teile zerlegt werden, die man nacheinander angeht, denn die einfachen Teile sind leichter zu analysieren und zu lösen.

3) Sind die einfachen Teile geklärt, müssen sie neu zusammengesetzt werden, indem die Analysen und Teillösungen zusammengefügt werden und so zu einer allgemeinen Lösung führen.

4) Schließlich muss alles noch einmal überprüft werden, so wie man eine Klassenarbeit nach der Fertigstellung überprüft, um sicherzustellen, dass nichts vergessen wurde.

Du kannst diese Tipps jederzeit in deinem Leben anwenden. Hast du Probleme, ein bestimmtes Fach zu lernen, beispielsweise eine Sprache? Dann: 1) Definiere klar die Art der Schwierigkeiten und ihre Ursachen (Grammatik, Aussprache, Wortschatz usw.). 2) Konzentriere dich auf eine Schwierigkeit nach der anderen und unterteile sie in kleine Teile, die du nacheinander abarbeitest (lerne zum Beispiel die unregelmäßigen Verben, indem du auf deiner Liste jeden Tag in Dreiergruppen vorgehst). 3) Gehe am Ende alle Teile noch einmal durch und bewerte, ob du sie jetzt verstanden hast. 4) Vergewissere dich, dass du nichts vergessen hast, und ergänze alle Lücken.

Wie sieht es bei dir aus? Hast du bereits deine eigene Methode, um mit Problemen umzugehen, oder können dir die Hinweise von Descartes helfen?

WAS IST SYMPATHIE?

Wenn wir sehen, wie sich eine Person verletzt, schnappen wir manchmal nach Luft, als ob wir selbst einen Schmerz empfinden würden. Warum ist das so?

Wenn du jemanden magst, verbringst du gerne Zeit mit ihm oder ihr und magst seine oder ihre Art. Wenn nicht, dann ist dir diese Person vielleicht unsympathisch. Aber eigentlich hat das Wort »Sympathie« eine komplexere Bedeutung: Es kommt aus dem altgriechischen *sympátheia* und bedeutet »fühlen« (páthos) und »mitfühlen« (syn) oder auch »gemeinsam fühlen«. In gewisser Weise bedeutet es, dass wir fühlen können, was andere fühlen. Wenn wir jemanden sehen, der glücklich ist oder Tränen in den Augen hat, stellen wir uns vor, wie er oder sie sich fühlt, und empfinden dabei Freude oder Trauer. Wir können uns in andere hineinversetzen und ihre Gefühle verstehen, fast ohne es zu merken.

Der schottische Philosoph Adam Smith (1723–1790) sagte, dass es wie ein »imaginärer Platztausch« ist, wenn wir mit jemandem mitfühlen. Denn wir stellen uns vor, wie wir uns fühlen würden, wenn wir an der Stelle der Person wären, die wir beobachten. Wir fühlen zwar nicht genau das, was die andere Person fühlt, aber etwas sehr Ähnliches, nur in einer schwächeren Form.

Sympathie kann auch umgekehrt funktionieren. Wenn wir zum Beispiel eine wütende Person sehen, fühlen wir nicht unbedingt mit ihr mit: Anstatt ihre Gefühle zu teilen, fühlen wir uns vielleicht selber wütend, wenn wir denken, dass sie Unrecht hat oder übertreibt. Wie sehr wir mit anderen mitfühlen, hängt also davon ab, wie weit wir mit ihren emotionalen Reaktionen und den Gründen dafür übereinstimmen.

Laut Smith nimmt unser Mitgefühl für die Emotionen anderer zu, wenn wir die Situation kennen, die sie ausgelöst hat: Wenn wir also sehen, dass es jemandem schlecht geht, können wir besser mitfühlen, wenn wir uns erzählen lassen, was passiert ist. Aber auch wenn wir die Geschichte einer Person kennen und sie uns nicht fremd ist.

Unsere Fähigkeit, an den Freuden und Leiden anderer teilzuhaben, ist so gut entwickelt, dass sie auch aktiviert wird, wenn wir ein Buch lesen, einen Film sehen oder eine Fernsehserie verfolgen: Auch hier klatschen wir Beifall, wenn der Superheld eine Schwierigkeit überwindet, und es tut uns leid, wenn manche Figuren ungerechterweise leiden müssen.

Sympathie, so verstanden, ermöglicht es uns, andere zu verstehen und uns verstanden zu fühlen. Sie ist das, was die Menschen zusammenhält, weshalb Smith sie als den wichtigsten Kitt unserer sozialen Bindungen bezeichnet. Die

Sympathie, von der die Philosophinnen und Philosophen sprechen, hat viel gemeinsam mit dem heute weitverbreiteten Wort »Empathie«, das wörtlich übersetzt »sich in andere hineinversetzen können« bedeutet. In Bereich der Neurowissenschaft hat eine Gruppe von Forschenden herausgefunden, dass es in unserem Gehirn Neuronen gibt – die sogenannten Spiegelneuronen –, die aktiv werden, wenn wir sehen, wie andere Menschen Gesten machen; fast so, als würden wir sie selbst machen. Die Fähigkeit, uns in andere hineinzuversetzen, beginnt also in uns selbst, in unserem Körper, der in der Lage ist, die Gefühle anderer zu erspüren und mit ihnen zu fühlen.

IST ES BESSER ZU SEIN ODER ZU SCHEINEN?

Es gibt viele Apps, mit denen man Fotos und Selfies bearbeiten und sein Aussehen verändern kann. Manche sagen, dass die Benutzung dieser Apps problematisch sein kann, weil man sich an ein Bild von sich selbst und anderen gewöhnt, das nicht der Realität entspricht. Wie denkst du darüber?

Soziale Medien prägen uns so sehr, dass wir uns laufend Gedanken darüber machen, wie wir aussehen: Das Selfie, die Filter, die wir auf Fotos anwenden, oder die Posen, die wir einnehmen, hängen davon ab, wie wir von anderen gesehen werden wollen.

Eine scheinbar einfache, aber schwer zu beantwortende Frage ist: Warum haben wir das Bedürfnis, das zu tun? Tiere tun es übrigens auch: Viele Tiere schaffen es, größer zu erscheinen, als sie tatsächlich sind, indem sie einen Teil ihres Körpers vergrößern oder anschwellen lassen, um Fressfeinde abzuschrecken oder Weibchen anzulocken. Andere tarnen sich, um sich zu verteidigen oder um möglichen Beutetieren eine Falle zu stellen, indem sie vorgeben, Teil einer Blume, einer Rinde oder des Meeresbodens zu sein.

Beim Menschen ist die Situation noch komplexer. Manchmal genügen kleine Details, um anders zu erscheinen und sich der Kritik zu entziehen. Du kennst das sicher, denn spätestens ab der Pubertät ist es normal, sich aufgrund seines Aussehens beurteilt zu fühlen. Die Beurteilung konzentriert sich gern aufs Äußere, weil man ja sieht, wie jemand aussieht. Während man lange braucht, um zu verstehen, wie jemand unter der Oberfläche ist, und man lernt die Person nie fertig kennen.

Vielleicht hast du dich schon einmal unwohl gefühlt, weil du ein bestimmtes Kleidungsstück oder einen Gegenstand nicht hattest, den die anderen

besaßen. Oder du hast gesehen, wie jemand deswegen ausgegrenzt oder verspottet wurde. (Vielleicht warst du es sogar selbst, die oder der das nicht akzeptiert hat.) Aber warum ist das so? Der deutsche Philosoph Herbert Marcuse (1898–1979) kann uns dabei helfen, über dieses Problem nachzudenken.

Marcuse stellte fest, dass die Menschen in der heutigen Welt ständig Reizen ausgesetzt sind, die sie dazu verleiten, unaufhörlich materielle Güter zu kaufen und immer mehr zu konsumieren. Viele Menschen kaufen Dinge, die sie nicht brauchen, oder diejenigen, die am meisten beworben werden – um in den Augen der anderen interessant zu erscheinen. In diesem Klima des allgemeinen »Konsumismus«, schreibt der Philosoph, »erkennen sich die Menschen in ihren Waren wieder«.

So kommt es, dass das, was wir haben, wichtiger zu sein scheint als das, was wir sind: als ob der Wert eines Menschen von seinem Auto, seiner Kleidung oder seinem Haus abhängt. Das ist ein Missverständnis, und zwar ein fundamentales! Kann man sich davon befreien? Alleine ist es schwierig, weil man das Gefühl hat, ständig gegen den Strom zu schwimmen. Aber es wird viel leichter, wenn man Freundinnen und Freunde hat, und seien es nur ein paar, die einen jenseits der Äußerlichkeiten in Wort und Tat begleiten können. Letztlich geht es darum, Menschen nicht für das zu schätzen, was sie haben, sondern für das, was sie sind und was sie tun.

WAS IST DIE BESTE REGIERUNGSFORM?

Stell dir vor, du lebst in einem kleinen Dorf mit hundert Einwohnern. Neben den Entscheidungen, die jede und jeder für sich selbst treffen muss, gibt es auch Entscheidungen, die alle betreffen. Wie könnten diese Entscheidungen getroffen werden? Und was wäre deiner Meinung nach der beste Weg?

Wenn du antwortest, dass nur du entscheidest, wäre das eine monarchische Entscheidung, d. h. du würdest gerne allein regieren. Du hättest aber auch zwei andere Möglichkeiten: Du könntest mit einigen anderen zusammen regieren (Oligarchie) oder dich mit allen anderen Einwohnern zusammensetzen und gemeinsam Entscheidungen treffen (Demokratie).

Oder du erfindest eine gemischte Regierungsform, die alle drei auf originelle Weise kombiniert. Jede Regierungsform kann also auf verschiedene Weise umgesetzt werden: Das Volk kann zum Beispiel Abgeordnete wählen, die Gesetze erlassen und wichtige Entscheidungen treffen; das ist so bei der repräsentativen Demokratie. In einer direkten Demokratie hingegen haben alle Bürgerinnen und Bürger das Recht, sich in Versammlungen zu treffen und abzustimmen, um Gesetze zu erlassen oder Entscheidungen zu treffen.

Die Entscheidung für eine Regierungsform ist also nicht einfach! Und es gibt noch weitere Aspekte. Eines der Hauptprobleme, über die du nachdenken solltest, ist die Gefahr des Machtmissbrauchs: Diejenigen, die an der Macht sind, könnten die Macht für ihre eigenen Interessen ausnutzen oder katastrophale Ungerechtigkeiten begehen. Wie kann das verhindert werden? Um diese Frage zu beantworten, hören wir auf den französischen Philosophen Charles-Louis de Montesquieu (1589–1755). Er hat gesagt: Nur Macht kann

Macht begrenzen. Was bedeutet das? Die Idee ist einfach: Unabhängig von der Regierungsform eines Staates muss sichergestellt werden, dass es verschiedene Mächte gibt, die sich gegenseitig begrenzen und auf verschiedene Personen oder Gruppen verteilt sind – um das Gleichgewicht des Systems zu gewährleisten. Das heißt, es muss unbedingt vermieden werden, dass die gesamte Macht in den Händen einer einzigen Person oder einer einzigen Gruppe von Personen liegt.

Doch wie kann Macht geteilt werden? Nach Montesquieu ist eine Dreiteilung unerlässlich: Die Legislative, die die Gesetze erlässt, muss getrennt werden von der Exekutive, die sie durchsetzt, und der Judikative, die über diejenigen urteilt und sie verurteilt, die sich nicht an die Gesetze gehalten haben. In vielen Staaten sind heute die Parlamente die Orte der Legislative, während die Regierungschefs und Minister die Exekutive ausüben. Die Judikative hingegen wird von den Richtern an den Gerichten ausgeübt.

Montesquieus Überlegungen zeigen, dass Reflexion uns helfen kann, die Realität zu verändern. Wahrscheinlich ist keine Regierungsform in der Welt perfekt, und alle sind bis zu einem gewissen Grad verbesserungsfähig. Wenn du dich den Fragen stellst und dich bemühst, gute Ideen zu finden, kannst du vielleicht eines Tages einen Beitrag leisten!

WOHER KOMMEN DIE GEFÜHLE?

Wenn sich jemand fürchtet, sagen wir manchmal: »Hab keine Angst!« Als ob man eine Emotion auf Kommando abschalten könnte. Aber wenn Gefühle aus unserem Inneren kommen, warum ist es dann so schwer, sie zu kontrollieren?

Manchmal entstehen Emotionen durch Dinge, die um uns herum geschehen, manchmal durch einen Gedanken oder eine Erinnerung, die uns plötzlich in den Sinn kommt. Wenn wir Emotionen empfinden, passiert etwas in unserem Körper: Manchmal schlägt unser Herz schneller, wir schwitzen, unser Atem verlangsamt oder beschleunigt sich, wir spüren, wie sich der Magen »zusammenzieht« und so weiter.

Heute untersuchen die Psychologie und die Neurowissenschaften Emotionen, indem sie das Verhalten von Menschen in verschiedenen Situationen analysieren und beobachten, was im Gehirn passiert. Aber auch Philosophinnen und Philosophen versuchen seit Jahrhunderten zu verstehen, wie Emotionen entstehen, wie sie sich im Laufe der Zeit verändern, wie sie miteinander zusammenhängen und wie wir sie am besten steuern können. Der französische Philosoph René Descartes (1596–1650) hat ein Buch mit dem Titel *Die Leidenschaften der Seele* geschrieben, in dem er ein interessantes Beispiel für die Gedankengänge zu diesem Thema liefert: Stell dir vor, du gehst durch einen Wald und stehst plötzlich vor einem potenziell gefährlichen Tier, zum Beispiel einem Bären. Was würde passieren? Wahrscheinlich hättest du Angst, aber kannst du genau sagen, was mit dir passiert?

So hat es sich Descartes vorgestellt: Beim Anblick eines Tieres beginnt etwas entlang der Nerven zu fließen, die von den Augen ausgehen und das Bild zum Gehirn transportieren. Daraufhin erreicht der Strom in den Nerven auch den Rest des Körpers: Das Herz schlägt schneller, die Muskeln lassen die Beine zittern oder setzen sie in Bewegung, noch bevor sie darüber nachdenken, was sie tun sollen. Und im Gehirn gibt es eine spezielle Drüse, die Informationen an die Seele weiterleitet: Es ist also die Seele, die Angst empfindet, dachte Descartes.

Der Philosoph hatte auch festgestellt, dass nicht jeder Mensch beim gleichen Reiz die gleiche Emotion mit der gleichen Intensität empfindet. Wer zum Beispiel einem aggressiven Tier gegenübersteht, kann auf unterschiedliche Weise reagieren: vor Angst wie gelähmt sein oder die Flucht ergreifen oder sich der Situation stellen, ohne die Kontrolle zu verlieren, und die Nerven zu behalten.

Es gibt viele Faktoren, die den Unterschied ausmachen können: die persönliche Erfahrung, die Gewohnheit, mit der Angst umzugehen und Ruhe zu bewahren, das Wissen, wie man am besten reagiert, um das Risiko zu minimieren. Das Gleiche gilt für andere Emotionen, von Wut bis Eifersucht, von Trauer bis Ekel. Was kann man also tun? Sicherlich ist es wichtig, mit sich selbst ins Gespräch zu kommen.

Zurück zum Bären: Weißt du, was Expertinnen und Experten raten? Wenn der Bär dich nicht bemerkt hat, sollst du leise umkehren, ohne ihn aus den Augen zu verlieren; wenn er dich bemerkt hat, sollst du ruhig sprechen und stehenbleiben oder langsam zurückweichen, also nicht rennen, nicht schreien und keine Steine werfen. Auch wenn Descartes' Ansichten in mancher Hinsicht überholt sind, so muss man doch anerkennen, dass er als einer der Ersten versuchte, die Gefühle zu verstehen, indem er untersuchte, was in unserem Körper vor sich geht. Ein wahrer Visionär!

WOHER KOMMEN DIE GEDANKEN?

In der Schule kann es passieren, dass du keine Ideen für einen Aufsatz findest, auch wenn das Thema frei wählbar ist. Manchmal würden wir gerne Dinge sagen, wissen aber nicht, wie wir sie formulieren sollen, oder wir haben das Gefühl, dass unser Kopf völlig leer ist. Woher sollten die Gedanken denn kommen?

Zwischen Gedanken und Sprache besteht eine tiefe Beziehung. Wenn uns jemand fragt, worüber wir nachdenken, können wir unsere Gedanken mit Worten ausdrücken. Aber manchmal finden wir nicht die passenden Worte – als ob nicht alle Gedanken leicht in Worte zu fassen wären.

Wenn wir fragen, woher die Gedanken kommen, suggeriert die Frage, dass sie irgendwo sind, noch bevor wir sie denken. Aber ist das wirklich so? Gibt es irgendwo in uns ein »Lagerhaus« mit bereits geformten Gedanken, auf die wir zurückgreifen können, wann immer wir wollen?

Das ist vielleicht der Fall, wenn wir über Dinge nachdenken, über die wir schon oft nachgedacht haben, oder wenn wir mit »fertigen Sätzen« sprechen: In diesem Fall ist es das Gedächtnis, das bereits geformte und gebrauchsfertige Gedanken parat hält.

In den meisten Fällen enthalten unsere Gedanken jedoch etwas Neues, weil es im Leben immer wieder neue Situationen und Ereignisse gibt, an die wir denken müssen. Wie entstehen nun diese neuen Gedanken? Nach dem deutschen Philosophen Friedrich Nietzsche (1844–1900) können wir Gedanken nur »mit den Worten ausdrücken, die wir zur Hand haben«. Das bedeutet, dass die Gedanken, die uns kommen können, von den Wörtern abhängen, die wir kennen und gewohnt sind zu benutzen. Das mag seltsam klingen, aber denk mal darüber nach: Wenn du nur zwanzig oder dreißig Wörter ken-

nen würdest, wie viele Gedanken könntest du haben? Es wäre schwierig, die auf dieser Seite geschriebenen Gedanken zu verstehen oder zu behalten!

Wenn das so ist, dann sind wir nicht völlig frei, zu denken, was wir wollen. Denn die Gedanken, denen wir eine Form geben können, hängen von den Wörtern ab, die wir gelernt haben und die um uns herum zirkulieren – zum Beispiel in den Menschen, mit denen wir verkehren, in Fernsehserien, in Songs … Nimm zum Beispiel Bücher: Sie sind »Speicher« für Gedanken, die von anderen geäußert wurden, und dieses Buch, das du gerade in der Hand hältst, ist es ganz besonders. Du findest darin Gedanken, denen du zustimmst, die du aber mit anderen Worten ausgedrückt hättest, oder Gedanken, die dir neu sind. Vielleicht findest du auch einige, mit denen du nicht einverstanden bist: Auch die sind wertvoll.

Nimmt man Nietzsche ernst, so drängt sich der Verdacht auf, dass wir als Individuen nicht die einzigen »Autoren« der Gedanken sind, die uns in den Sinn kommen, denn bis zu einem gewissen Grad sind alle, die um uns herum sprechen und denen wir unsere Aufmerksamkeit schenken, Mitautorinnen und Mitautoren dieser Gedanken. Wenn dem so ist, dann ist es für uns alle wichtig, die Vielfalt der Wörter, denen wir ausgesetzt sind, zu erweitern, um die Möglichkeit zu haben, mehr und besser zu denken. Eine Art Farbpalette, die uns immer zur Verfügung steht, um all unsere Gedanken bunt zu machen.

WAS SIND UNIVERSELLE MENSCHENRECHTE?

In der Welt gibt es große Ungleichheiten. Es gibt Menschen, die nicht genug zu essen haben, die Schwierigkeiten haben, sauberes Trinkwasser zu finden, und die keine Behandlung bekommen, wenn sie krank sind. Glaubst du nicht, dass sie ein Recht darauf haben?

Verfassungen legen die Rechte der Bürgerinnen und Bürger eines Landes fest. Dazu gehören zum Beispiel das Recht auf persönliche Freiheit, das Recht, sich im Staatsgebiet frei zu bewegen und aufzuhalten, das Recht, sich zu versammeln und Vereinigungen zu bilden, das Recht, seine Religion zu bekennen und seine Gedanken frei zu äußern. Es gibt aber auch Texte, die Rechte auflisten, die allen Menschen und nicht nur denen eines bestimmten Landes zustehen sollten. Einer der ersten war die *Erklärung der Menschen- und Bürgerrechte*, die während der Französischen Revolution verfasst und 1789 veröffentlicht wurde. Darin heißt es, dass die Menschen frei und gleich an natürlichen Rechten geboren werden und es auch bleiben. Aber was gehört zu diesen Rechten? Sicherlich das Recht auf Freiheit, Eigentum und persönliche Sicherheit. Für die Ausübung dieser individuellen Rechte wurde nur eine Grenze gesetzt: die, andere in ihren eigenen Rechten nicht einzuschränken oder zu behindern. So hat zum Beispiel jede und jeder das Recht auf Freiheit, darf aber die Freiheit anderer nicht einschränken oder behindern.

In der *Erklärung der Menschen- und Bürgerrechte* (französischer Originaltitel: *Déclaration des Droits de l'homme et du Citoyen*) ist auch festgehalten, dass alle Bürgerinnen und Bürger das Recht haben, direkt oder durch Vertreter an der Gesetzgebung mitzuwirken. Die Tatsache, dass das Wort *homme*, also »Mann« oder »Mensch« im Titel und im Text der Erklärung vorkam, warf jedoch eine Frage auf: Was ist mit Frauen? Ging es auch um sie und ihre Rechte, oder wurde die Frage so gestellt, als seien Frauen nicht frei und mit den gleichen Rechten geboren wie Männer?

Eine mutige Vordenkerin, die französische Revolutionärin, Frauenrechtlerin und Schriftstellerin Olympe de Gouges (1748-1793), meldete sich in diesem Punkt zu Wort: Nachdem sie einen Text gegen die Sklaverei verfasst hatte, schrieb sie eine *Erklärung der Rechte der Frauen und Bürgerinnen*, in der sie die politische und soziale Gleichstellung von Männern und Frauen forderte.

Olympe de Gouges war der Meinung, dass der ständige Verweis auf den »Mann« die Menschen die ungerechten, großen Ungleichheiten zwischen Männern und Frauen vergessen ließ. Daher war es unerlässlich, das Recht aller Bürgerinnen anzuerkennen, an der Gestaltung der Gesetze und des politischen Lebens mitzuwirken, sowie die Freiheit, Gedanken und Meinungen zu äußern. Sie warnte vor der Gefahr, Aussagen, die nicht alle tatsächlichen Unterschiede erfassen, für allgemeingültig zu halten.

Gibt es deiner Erfahrung nach Situationen, in denen die Ungleichheiten, über die wir eben sprachen, auch heute noch nicht überwunden sind? Und wie könnten wir diese »universellen« Rechte wirklich für alle durchsetzen?

WARUM HABEN DIE DINGE EINEN PREIS?

Stell dir vor, einige Schiffbrüchige schaffen es, sich auf einer einsamen Insel in Sicherheit zu bringen. Stell dir vor, sie organisieren sich, um gemeinsam zu leben – ohne Geld. Es gäbe keine Preise, und die Frage des Geldes würde sich nicht stellen. Könnten sie gut leben, ohne dass die Dinge einen Preis haben?

Bevor es Geld gab, hatten die Dinge keinen Preis, aber sie hatten einen Wert. Welche Art von Wert? Davon gibt es mehrere: Es gibt den Gebrauchswert einer Sache, der davon abhängt, wie wir sie nutzen können, um unsere Bedürfnisse zu befriedigen. Es gibt den Tauschwert, der davon abhängt, was Menschen bereit sind, im Tausch für eine Sache zu geben. Und es gibt den sentimentalen Wert, den ein Gegenstand haben kann, der schon lange im Besitz der Familie ist oder den man von einem geliebten Menschen geschenkt bekommen hat.

Wenn es kein Geld gibt wie auf der Insel unserer Schiffbrüchigen, kann der Gebrauchswert den Tauschhandel stark beeinflussen. Allerdings wird es schwierig sein, den Wert bestimmter Dinge zu bestimmen. Was würdest du für ein Brötchen, ein schönes T-Shirt oder ein Fahrrad verlangen oder geben? Wenn man über den Preis von Dingen nachdenkt, kommt einem sofort Geld in den Sinn, das man gegen alles eintauschen und für spätere Tauschgeschäfte aufbewahren kann: Der deutsche Philosoph Karl Marx (1818–1883) sprach deshalb vom Geld als dem »allgemeinen Äquivalent«.

Geld, so Marx, führe dazu, dass man sich mehr auf den Tauschwert der Dinge konzentriere als auf ihren tatsächlichen Gebrauchswert. Dadurch aber werden die Dinge zu »Waren«, deren Wert sich scheinbar leicht in Zahlen messen lässt (die Antwort auf die Frage: Wie viel kostet das?).

Diese Zahlen geben nicht den tatsächlichen Wert der Waren wieder, sie können ihn sogar verschleiern. Man denke nur daran, was beim Verkauf von Restposten passiert: Es gibt Artikel, deren Preis von einem Tag auf den anderen um fünfzig Prozent sinkt. Bedeutet das, dass sich ihr Gebrauchswert plötzlich halbiert hat? Nein, aber der Tauschwert hat sich auf jeden Fall verändert. Wie du weißt, gibt es Waren mit sehr unterschiedlichen Preisen, obwohl die Waren den gleichen Gebrauchswert haben, weil sie die gleichen Bedürfnisse befriedigen. Das gilt auch für ganz alltägliche Dinge wie Kugelschreiber, Tagebücher, Schuhe und Kleidung: Der Preisunterschied zwischen verschiedenen Produkten der gleichen Art lässt sich nicht immer durch ihre Qualität oder Schönheit rechtfertigen. Oft ist es der Markenname, der uns bestimmte Produkte begehrenswerter erscheinen lässt als andere: Was den Preis in die Höhe treibt, ist in diesem Fall nicht die Tatsache, dass bestimmte Dinge nützlicher sind als ähnliche, sondern dass sie begehrenswerter erscheinen.

Was den Wert einer Ware ebenfalls bestimmt, ist die Arbeit, die in ihre Herstellung geflossen ist. Jede Ware ist wie ein Behälter, in dem sich die Arbeit, die für die Produktion notwendig war, sammelt. Andererseits wird Arbeit auch als Ware bezahlt, an manchen Orten der Welt viel schlechter als an anderen.

All das sollten wir beim Einkaufen bedenken und den Gebrauchswert der Dinge nie aus den Augen verlieren. Und versuche auch mal darüber nachzudenken: Wenn es kein Geld gäbe, würden wir dann besser oder schlechter leben?

WEISST DU ALLES ÜBER DICH SELBST?

Wenn wir andere Menschen beobachten und ihren Worten zuhören, können wir nie sicher sein, was hinter ihren Gedanken steckt und ob wir alles verstehen, was sie fühlen. Es gibt immer etwas, das uns verborgen bleibt. Ist es möglich, dass es auch in uns Teile gibt, die uns selbst verborgen bleiben?

Die Erfahrungen, die wir gemacht haben, die Menschen, denen wir begegnet sind, das, was andere uns gesagt oder getan haben, die (oft uneingestandenen) Sehnsüchte, die wir verspürt haben: All das hinterlässt Spuren in uns. Aber diese Spuren sind nicht dazu bestimmt, verwischt zu werden wie Fußspuren im Schnee. Sie bleiben lebendig, sie verweben sich miteinander und wirken weiter auf uns ein. Sie lassen uns bestimmte Dinge bevorzugen oder meiden, machen uns sicher oder unsicher, ohne dass wir genau wissen, warum. So kommt es, dass wir Haltungen annehmen, unter denen wir manchmal leiden und die wir nicht ändern können, weil es etwas zu geben scheint, das »stärker ist als wir«. Etwas, das sich unterhalb des Bewusstseins bewegt und uns daran hindert, uns zu ändern.

Um dies zu erklären, sprach der Erforscher der menschlichen Psyche, Sigmund Freud (1856–1939) vom »Unbewussten« und seiner Wirkung auf die Träume. Im Schlaf, wenn wir nicht mehr wissen, was um uns herum geschieht, tauchen Bilder und Szenen auf, die uns einen Weg in das Unbewusste öffnen, wo zum Beispiel unsere Ängste liegen. Träume sind jedoch keine durchsichtigen Fenster: Die Inhalte des Unbewussten erscheinen immer verzerrt und müssen interpretiert werden. Freud verglich unser bewusstes Ich mit dem sichtbaren Teil eines Eisbergs, während das Unbewusste dem nicht sichtbaren Teil entspricht. Das Bild diente dazu, eine grundlegende Tatsache zu verdeutlichen: Nicht alles, was in uns vorgeht, ist uns bewusst.

Im Unbewussten gibt es nach Freud eine Komponente, die als »Über-Ich« bezeichnet wird, eine Art Schiedsrichter, der über dem Ich steht und dessen Verhalten beurteilt. Im Über-Ich sind Verbote, Gebote und Verhaltensmuster gespeichert, die der Mensch von klein auf durch Eltern und Lehrer vermittelt bekommt. All diese Elemente üben »Druck« auf das Ich aus, um ihm zu sagen, wie es sich verhalten soll, aber sie geraten in Konflikt mit zahlreichen unbewussten Wünschen, die in eine ganz andere Richtung drängen; Wünsche, die in einem Teil der Psyche angesiedelt sind, den Freud das »Es« nennt.

Zusammenfassend kann man sagen, dass das Ich nicht Herr im eigenen Haus ist, denn es ist ständig Trieben ausgesetzt, die aus dem Unbewussten kommen, und es muss sich auch mit der Realität auseinandersetzen, die ihm immer wieder Zwänge auferlegt.

Die Situation, in der wir uns befinden, ist also gewiss nicht einfach. Was kann uns helfen, wenn unser Ich zu leiden beginnt? Nach Freud ist es hilfreich, mit Menschen zu sprechen, die in der Lage sind, uns bei der Analyse unserer Triebe zu begleiten. Trotzdem kann das Unbewusste nicht vollständig an die Oberfläche gebracht werden. Wir müssen nämlich erkennen, dass wir nicht alles bewusst machen können, und nicht so tun, als gäbe es den untergetauchten Teil unseres Eisbergs nicht.

VERÄNDERT UNS DIE MODERNE TECHNIK?

Als der Computer erfunden wurde, versprachen die ersten Werbespots, dass er unsere Art des Arbeitens und des Lernens verändern und uns helfen würde, bessere Entscheidungen zu treffen. Wenn wir heute einen Werbespot drehen würden, welche und wie viele Veränderungen in unserem Leben wären auf den Computer zurückzuführen?

Die Liste der technischen Dinge, die wir jeden Tag benutzen, ist sehr lang. Wenn du versuchst, sie aufzuschreiben, sei vorsichtig: Du müsstest auch Dinge wie Brillen, alle Arten von Kleidung, Geschirr und Besteck, Zahnbürsten und Seife, Glühbirnen, Fenster, Türgriffe, Glas, Schuhe, Stühle, Tische, Spielzeug und Videospiele aufnehmen. Sie alle sind das Ergebnis menschlicher Technik.

Es sollte jedem Menschen klar sein, dass diese Gegenstände einen großen Einfluss auf uns, unsere Handlungen und unser Verhalten haben können: Man denke nur daran, wie sehr wir unsere Gewohnheiten ändern müssten, wenn wir sie nicht hätten. Ein viel diskutiertes Beispiel ist das Smartphone: Seitdem wir es haben, hat sich die Art und Weise, wie wir Fotos und Videos aufnehmen und weitergeben, wie wir mit Menschen in Kontakt bleiben oder wie wir nach Informationen suchen, grundlegend verändert.

Wenn man sich in öffentlichen Verkehrsmitteln, Bars, Restaurants und an vielen anderen Orten und in vielen Situationen umsieht, sieht man immer Menschen, die den Kopf über das Display ihres Smartphones beugen. Hier wird deutlich, dass der technische Gegenstand, den wir ganz selbstverständlich benutzen, uns dazu zwingt, auch körperlich eine bestimmte Haltung einzunehmen. Indem es die Art und Weise beeinflusst, wie wir unsere Zeit verbringen, »beschäftigt« es uns gewissermaßen und lässt uns eine Reihe von Dingen tun, die wir ohne es nicht tun würden.

Der deutsche Philosoph Martin Heidegger (1889–1976) hat ausführlich über diese Auswirkungen der Technik nachgedacht und darauf hingewiesen, dass die technischen Werkzeuge, die wir benutzen, nicht nur die Natur verändern, sondern auch unsere Art, in der Welt zu sein. Beim Vergleich einer Wassermühle mit einem Wasserkraftwerk weist er darauf hin, dass die Wassermühle die Energie des Flusses nutzt, ohne ihn zu verändern, während das Wasserkraftwerk in die Natur eingreift: Es nimmt viel Wasser auf und verändert so den Lauf des Flusses und das Leben der Organismen, die in ihm leben. Heute sind wir an einem Punkt angelangt, an dem wir neue Technologien brauchen, um die negativen Auswirkungen der alten zu kompensieren. Gemäss Heidegger sollten wir deshalb nicht nur darüber nachdenken, was jede neue Technologie hinzufügt, sondern auch darüber, was durch ihren Einsatz gefährdet wird.

Außerdem besteht die Gefahr, dass wir uns zu sehr auf das verlassen, was er die »technische Mentalität« nennt: die uns dazu verleitet, die Welt als eine riesige Menge von Ressourcen zu sehen, die wir voll ausbeuten müssen. In der Folge betrachten wir unsere Umwelt mit einer instrumentellen Einstellung – als ob der Wert der Dinge darin bestünde, dass man sie nutzen kann, und das war's dann. Glücklicherweise gibt es Gegenmittel gegen diese einschränkende Sichtweise: Das wichtigste ist laut Heidegger die Poesie, die es uns ermöglicht, ein authentischeres und subtileres Verständnis von uns selbst und der Welt zu entwickeln.

WOZU IST LOGIK GUT?

Wenn A größer ist als B und B größer als C, dann ist A größer als C. So hast du es in der Schule gelernt. Du könntest also sagen: Wenn ein Euro besser ist als nichts und nichts besser ist als Gesundheit, dann ist ein Euro besser als Gesundheit? Stimmt das wirklich oder ist da etwas nicht ganz richtig?

Beim logischen Denken können wir viele Fehler machen, wenn wir von einer Aussage zur nächsten kommen.

Die Logik untersucht, wie unsere Aussagen und Gedanken richtig verbunden werden sollten. Aus der Sicht der Logik ist die eingangs vorgeschlagene Argumentation fehlerhaft, denn das Wort »nichts« wird mit zwei verschiedenen Bedeutungen verwendet: Im ersten Teil des Satzes bedeutet es »null«, während es im zweiten Teil »kein Ding« bedeutet.

Wenn man sagt, dass nichts besser ist als Gesundheit, meint man eigentlich, dass »kein Ding« besser ist als Gesundheit: Daraus kann man sicher nicht ableiten, dass ein Euro besser ist als Gesundheit! Andere Argumentationsfehler entstehen, wenn man vorschnell von bestimmten Beobachtungen zu allgemeinen Schlussfolgerungen übergeht oder wenn man Verbindun-

gen zwischen Fakten und Ereignissen als notwendig darstellt, die nur wahrscheinlich sind.

Unter den Strukturen der Argumentation sind »Deduktion« und »Induktion« besonders wichtig. Die Deduktion ermöglicht es, vom Allgemeinen zum Besonderen zu gelangen: Wenn alle Menschen sterblich sind und Sokrates ein Mensch ist, kann ich daraus schließen, dass Sokrates sterblich ist. Diese Schlussfolgerung ist zwingend.

Die Induktion hingegen ermöglicht es, vom Besonderen auf das Allgemeine zu schließen: Wenn jemand viele Krähen gesehen hat, die alle schwarz sind, kann er durch Induktion sagen, dass »alle Krähen schwarz sind«. Diese Schlussfolgerung ist in diesem Fall nicht so zwingend wie die vorherige. Sie mag zwar sehr wahrscheinlich sein, aber es bräuchte nur ein einziges Beispiel einer nicht schwarzen Krähe, um sie zu widerlegen.

Der amerikanische Philosoph Charles Sanders Peirce (1839–1914) hat im Zusammenhang mit wissenschaftlicher Argumentation auf eine weitere Art der Argumentation aufmerksam gemacht und sie »Abduktion« genannt. Um zu erklären, was das ist, können wir die Art und Weise betrachten, wie Sherlock Holmes und andere berühmte Detektive in Romanen und Fernsehserien argumentieren. Sherlock Holmes ist geschickt darin, Details zu beobachten und Hinweise zu deuten: Wenn er ein auf den ersten Blick unerklärliches Ereignis untersucht, kann er sehr gute Vermutungen darüber anstellen, was passiert sein könnte. Genau darin besteht die Abduktion: in einer gut begründeten Definition der Bedingungen, die es uns ermöglichen, sonst unerklärliche Ereignisse und Umstände zu erklären, wenn wir sie zulassen.

Zusammenfassend lässt sich also sagen: Wenn wir unsere Argumente gut aufbauen, können wir plausible Wege finden, um das zu erklären, was auf den ersten Blick unerklärlich erscheint. Wir können vom Allgemeinen zum Besonderen und vom Besonderen zum Allgemeinen gelangen, ohne Schlussfolgerungen für notwendig zu halten, die nur wahrscheinlich sind. Das ist keine Kleinigkeit!

WER SIND WIR WIRKLICH?

Das Schiff des athenischen Helden Theseus segelte nach dem Tod seines Kapitäns noch Jahrhunderte lang über die Meere. Wenn ein Teil verschlissen war, wurde es durch ein neues, genau gleiches ersetzt. Eines Tages wurde auch das letzte Originalteil ersetzt. War das Schiff immer noch das Schiff des Theseus oder hatte es irgendwann aufgehört, es zu sein?

Das Paradoxon von Theseus' Schiff ist eigentlich sehr komplex. Angenommen, alle abgenutzten Teile wurden nach Athen gebracht und an einem sicheren Ort im Hafen wieder zusammengebaut. In diesem Fall gäbe es, nachdem das letzte Teil des Schiffes auf der Reise ersetzt wurde, zwei vollständige Schiffe: eines auf See, das noch seetüchtig ist, und ein anderes, das wieder aufgebaut und in Athen gelagert wurde und aus allen Teilen des ursprünglichen Schiffes besteht. Welches der beiden Schiffe ist Theseus' echtes Schiff? Können es beide sein? Oder ist es keines von beiden?

Das Schiff des Theseus ist ein guter Ausgangspunkt, um über die Identität jedes Einzelnen von uns nachzudenken. Überleg mal: Seit du sprechen kannst, sagst du »ich« und verbindest das Pronomen »ich« mit deinem Namen. Doch die Person, die heute »ich« sagt und in der Lage ist, dieses Buch zu lesen, ist ganz anders als das kleine Kind, das »ich« sagte, als es zwei Jahre alt war. Erinnerungen, Gedanken, Erfahrungen und Fähigkeiten sind sehr unterschiedlich. Nicht einmal die Zellen des Körpers sind die gleichen, genauso wenig wie die Bretter, Seile und Segel der beiden früheren Schiffe.

Worauf basiert dann deine Identität, aufgrund derer du das Gefühl hast, dass du im Laufe der Monate und Jahre immer noch dasselbe Ich bist? Auf diese Frage kann man mehrere Antworten geben. Wer an die Existenz der Seele glaubt, argumentiert, dass die Identität eines jeden Menschen auf dieser immateriellen Substanz beruht, die nicht mit den Instrumenten der Wissenschaft beobachtet oder gemessen werden kann. Andere glauben, dass die persönliche Identität eine Illusion ist, die durch die Art und Weise entsteht, wie wir sprechen und uns die Dinge mental vorstellen: Indem wir immer wieder das Pronomen »ich« verwenden, um uns selbst zu bezeichnen, glauben wir, dass es etwas Beständiges gibt, auf das sich das Pronomen bezieht. Obwohl es in Wirklichkeit nichts in uns gibt, das immer gleich bleibt.

Nach Meinung des englischen Philosophen John Locke (1632–1704) beruht die Identität eines jeden Menschen auf seinem Gedächtnis, genauer gesagt auf der Fähigkeit des Gedächtnisses, Ausdrücke wie »ich bin« und »ich war«, »ich tue« und »ich habe getan« zu einer fortlaufenden Erzählung zu verbinden. Das Gedächtnis ist für die persönliche Identität so wichtig, dass nach Locke, wenn alle Erinnerungen eines Prinzen plötzlich in den Körper eines Schusters übertragen würden, dieser die Identität des Prinzen hätte.

Folgt man der Argumentation des Philosophen, so beruht unsere persönliche Identität auf der Tatsache, dass wir eine Geschichte haben und einen Faden, der sie zusammenhält: die Erinnerung. Eine Identität zu haben bedeutet also nicht, dass wir immer mit uns selbst identisch bleiben, sondern dass wir uns unserer ständigen Veränderung bewusst sind.

Aber es gibt noch mehr als die Erinnerung. Unsere Identität verändert sich auch durch die Dinge, die wir lernen, und durch unsere Gedanken, die wir uns machen können und die uns bewusst werden. Auch deshalb hat Identität keine feste Kontur, sondern sie ist wie eine Horizontlinie, die sich mit unseren Bewegungen ausdehnt und verschiebt. Um höher zu klettern und mehr zu sehen, sind alle Werkzeuge, mit denen wir unser Denken und unsere Vorstellungskraft schulen können, von großem Nutzen. Kannst du dir noch etwas anderes vorstellen als das Buch, das du gerade in der Hand hältst?

DIE AUTOREN

UMBERTO GALIMBERTI

Umberto Galimberti hat Kulturanthropologie, Geschichtsphilosophie, Allgemeine Psychologie und Dynamische Psychologie an der Universität Ca' Foscari in Venedig unterrichtet. Seit 1985 ist er ordentliches Mitglied der Internationalen Vereinigung für Analytische Psychologie. Von 1986 bis 1995 war er Mitarbeiter von *Il Sole-24 Ore,* und seit 1995 arbeitet er für *La Repubblica*. Bei Feltrinelli hat er zahlreiche Bücher veröffentlicht, zuletzt *Neues Wörterbuch der Psychologie, Psychiatrie, Psychoanalyse, Neurowissenschaften* (2018), *Heidegger und der Neubeginn* (2020), *Das Buch der Gefühle* (2021) und *Die Ethik des Wanderers* (2023). Galimbertis Werke wurden ins Deutsche, Französische, Spanische, Portugiesische, Niederländische, Slowenische, Serbische, Griechische, Tschechische, Japanische und Arabische übersetzt. Im Midas Verlag sind von ihm bisher erschienen: *Das große Buch der Gefühle* und *Das große Buch der Philosophen*.

LUCA MORI

Luca Mori ist Forscher für Geschichte der Philosophie am Institut für Zivilisationen und Wissensformen der Universität Pisa. Er ist Herausgeber der Reihe »Filosofie dell'esercizio« bei Edizioni ETS in Pisa. Seit 2005 unterrichtet er Philosophie an Schulen aller Stufen in ganz Italien. Sein Buch *Giochi filosofici* wurde auf der Frankfurter Buchmesse mit dem Sonderpreis BELMA (Best European Learning Material Awards) ausgezeichnet.

Er hat außerdem Bücher veröffentlicht, die Dutzende von Ideen zum Experimentieren mit philosophischen Gesprächen vom Kindergarten bis zur Sekundarschule enthalten.

DIE ILLUSTRATORIN

CRISTINA DAMIANI

Cristina Damiani wurde in Rom geboren und ist freiberufliche Illustratorin. Sie hat am Istituto Europeo di Design studiert und unterrichtet seit 2019 Illustration, Medien- und Grafikdesign. Sie arbeitet mit Zeitschriften, Zeitungen und Verlagen zusammen, hat aber auch Erfahrung in der Illustration für Werbung und Markenartikel. Ihre Arbeiten wurden mehrfach für Ausstellungen und Kataloge in Italien ausgewählt.

WEITERE TITEL VON UMBERTO GALIMBERTI

Dieses Buch ist eine Anleitung zum eigenständigen Denken. Es versammelt 100 Philosophen, die über die Welt nachgedacht haben und deren Thesen bis heute Bestand haben. Aus dem Vorwort von Umberto Galimberti: »Wenn du die Philosophie für etwas Langweiliges und Abstraktes hältst und glaubst, Philosophen hätten keine Ahnung von der realen Welt, dann wird dich dieses Buch vom Gegenteil überzeugen! Gemeinsam mit Sokrates, Kant, Voltaire, Arendt, Popper und vielen weiteren Philosophen aus allen Epochen und Ländern lernen wir, über ein breites Spektrum von Themen nachzudenken – von Naturereignissen bis zum Wesen des Menschen, von der Sprache bis zur Liebe und der Existenz Gottes.«.

Umberto Galimberti
Das große Buch der Philosophie
100 Porträts für Neugierige

224 Seiten, Hardcover, Euro (D) 22 | Euro (A) 22.70 | CHF 28
ISBN 978-3-03876-228-7 (Midas Kinderbuch)

In diesem faszinierenden Buch werden 50 Emotionen von A wie Angst bis Z wie Zuversicht beschrieben – konzipiert und fachlich betreut vom renommierten Philosophen und Psychotherapeuten Umberto Galimberti und geschrieben von der preisgekrönten Kinder- und Jugendbuchautorin Anna Vivarelli. Inspiriert von Mythen, Literatur und alltäglichen Momenten werden hier alle Nuancen der verschiedenen Stimmungen ausgelotet und es wird klar, dass sie wirklich allen Menschen gemeinsam sind – über Länder- und Altersgrenzen hinweg.

Umberto Galimberti / Anna Vivarelli
Das große Buch der Gefühle
50 Emotionen von Angst bis Zuversicht

232 Seiten, Hardcover, Euro (D) 22 | Euro (A) 22.70 | CHF 28
ISBN 978-3-03876-220-1 (Midas Kinderbuch)

MEHR INFOS UNTER: WWW.MIDAS.CH